KB261978

안철수 아저씨는 초등학교 때 어떻게 공부했나요?

안철수 아저씨는 초등학교때 어떻게 공부 했나요?

초판 1쇄 인쇄 | 2012년 10월 10일
초판 1쇄 발행 | 2012년 10월 15일

지은이 | 박성철
그린이 | 허한우
펴낸이 | 박영욱
펴낸곳 | 스코프

경영총괄 | 정희숙
책임편집 | 이상모
편집 | 임은희 · 주재명 · 권기우
마케팅 | 최석진
표지 디자인 | 최희선
본문 디자인 | 서정희
법률자문 | 법무법인 명율 대표 변호사 **안성용**

주 소 | 서울시 마포구 서교동 468-2번지
이메일 | bookrose@naver.com
전 화 | 영업문의 : 02-322-6709   편집문의 : 02-325-5352
팩 스 | 02-3143-3964

출판신고번호 | 제313-2007-000197호

ISBN 978-89-93662-90-0 (63300)

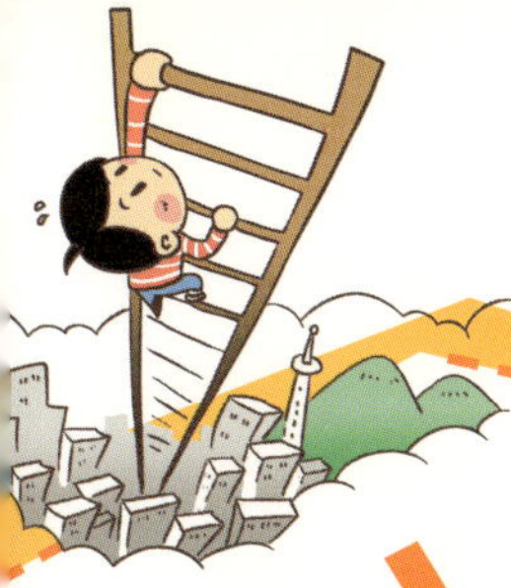

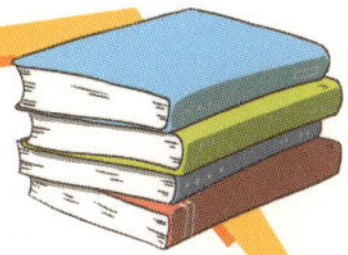

안철수 아저씨는 초등학교 때 어떻게 공부했나요?

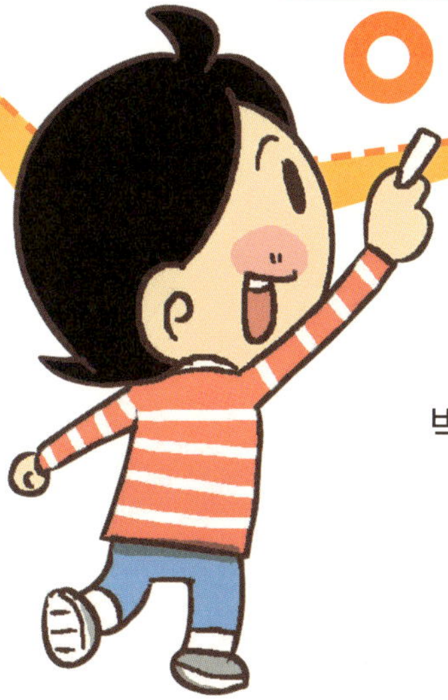

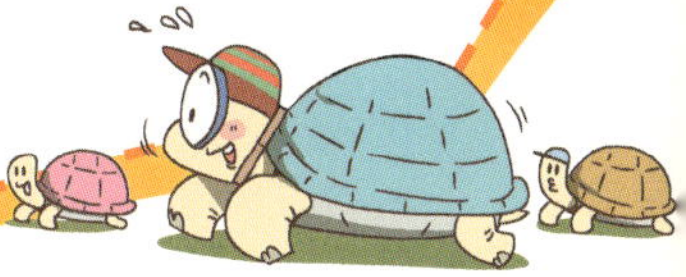

박성철 부산 동래초등학교 교사 지음

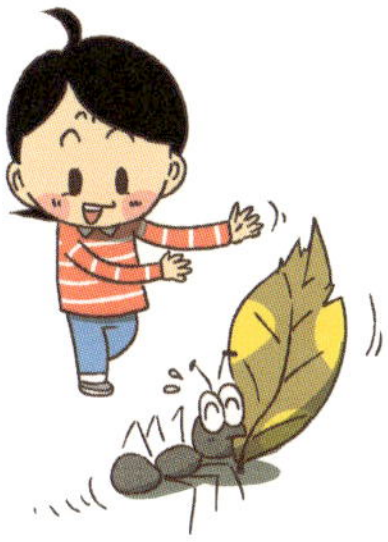

　멘토로 삼고 싶은 인물 1위, 우리시대의 진정한 영웅 1위, CEO로 영입하고 싶은 리더 1위…….

　안철수 아저씨를 일컫는 말은 너무도 많습니다. 그리고 9월 19일에는 드디어 젊은이들이 가장 사랑하는 대통령 후보가 되었습니다. 그만큼 안철수 아저씨가 살아온 모습이 대한민국 사람들을 감동시키고 존경받는다는 증거입니다.

　미래가 보장된 의사 자리를 팽개치고 국내에 존재하는 컴퓨터 바이러스를 치료하는 일에 뛰어든 '컴퓨터의 황제' '컴퓨터 바이러스 잡는 의사'가 바로 안철수 아저씨입니다.

　'안철수 연구소'를 최고의 컴퓨터 보안 업체로 만든 존경받는 기업인 안철수. 그는 2005년 미국으로 유학을 떠났다가 공부를 하고 돌아와서 한국과학기술원(KAIST) 교수를 거쳐 현재 서울대학교 교수로 일하고 있습니다. 그리고 앞으로 우리나라를 이끌

어갈 대통령 후보가 되었습니다.

그의 성공이 아름다운 데는 이유가 있습니다. 안정된 의사라는 자리를 그만두고 미래가 불확실한 컴퓨터 관련 일을 선택하였고, 엄청난 돈을 벌 수 있었던 외국 업체의 유혹을 뿌리치는 등 보통 사람이 하기 어려운 선택을 해왔기 때문입니다.

당장 눈앞의 이익보다는 좀 더 먼 미래를 볼 수 있는 비전. 나의 이익보다는 좀 더 많은 사람들을 위한 결정을 내리는 심성. 그것은 하루아침에 길러지는 것이 아니랍니다.

안철수 아저씨 또한 여러분과 같은 초등학교 시절을 보냈습니다.

초등학교 때 모든 인생은 결정된다.

안철수 아저씨의 초등학교 시절을 보면 이 말이 떠오릅니다. 초등학교 시절에 기른 공부법, 독서, 집중력, 호기심, 봉사, 긍

정, 배려, 목표, 성실!

이것들이 지금의 안철수 아저씨를 만들어 주었습니다. 초등학교 시절에 이런 것들을 갖추기 위해 노력한 안철수 아저씨의 모습에서 여러분은 많은 것을 배울 수 있을 것입니다.

이 책은 초등학교 시절의 안철수 아저씨를 집중 조명한 최초의 책입니다. '안철수 아저씨 초등학교 때는 이렇게 공부했어요' 라는 주제에서는 안철수 아저씨의 초등학교 시절 공부습관과 생활모습을 들려줄 것입니다. 그 다음은 '안철수 아저씨에게 배웁니다' 를 통해 안철수 아저씨의 삶 속에서 그것이 어떻게 실현되었는지와 성공요인들을 들려줍니다. 그리고 마지막으로 '비타민 이야기' 란 제목으로 안철수 아저씨가 가지고 있는 장점을 주제로 인생의 깨달음을 주는 비타민 같은 이야기를 들려줍니다.

이 책은 초등학생 여러분을 위해 몇 년간 안철수란 인물을 지켜보고 분석하면서 만든 책입니다. 이 책이 여러분을 우리나라에서 가장 존경받는 사람인 안철수 아저씨와 닮은꼴로 만들어 줄 것이라 믿습니다.

차례

"여보, 철수는 왜 저렇게 성적이 오르지 않는 것일까요?"

초등학교 시절 철수는 반에서 성적이 중간 정도에 불과했습니다.

"내버려 두구려. 책 읽는 저게 다 공부 잘하게 만들어 주는 공부씨앗이 될 거요."

철수는 자신이 왜 공부를 못하는지 생각해 봤습니다.

'나는 다른 아이들에 비해 게으르지 않아. 아니 부지런한 편이야. 거기다 책은 다른 친구들보다 정말 많이 읽잖아. 그런데 왜 성적은 좋지 않을까?'

아무리 고민을 해봐도 공부를 못할 이유가 없었습니다. 머리도 나쁜 편이 아니었습니다. 그럼에도 공부를 못하는 것이 조금은 답답했습니다. 그러나 절망하지 않았습니다.

철수는 자신만의 공부법을 생각하기 시작했습니다. 철수가 만든 자신만의 공부법은 바로 이것이었습니다.

'기초탄탄 공부법.'

'비록 성적이 눈에 띄게 좋아지지 않더라도 기초를 탄탄하게 해두면 나중에는 성적이 좋아질 거야.'

철수는 현재가 아니라 미래를 보기로 결심한 것입니다.

초등학교 때보다 중학교, 고등학교에 가서 더욱 잘할 수 있는 공부법. 대학에 가서 더 공부를 잘하게 되는 공부법. 그것은 기초를 탄탄하게 해두는 것이라는 생각을 하게 되었습니다.

비록 거북이처럼 느린 공부 방법이었지만 철수는 기본이 탄탄해지는 공부를 시작했습니다. 국어에서는 읽기와 쓰기를 중요시하는 공부, 수학에서는 기본공식에 대한 이해를 바탕으로 하는 공부, 사회에서는 생활과 연계하여 이해하고 활용하는 공부, 과학에서는 실험과 원리를 이해하는 공부법으로 공부를 하기 시작했습니다.

당장 성적이 나오지는 않았지만 철수는 자신의 공부 방법을 믿었습니다.

'공부는 기초를 튼튼하게 쌓는 것이 중요해.'

기초가 탄탄해지는 공부를 하기 시작하자 독서 능력도 부쩍 좋아졌습니다. 초등학교 6학년이 되고 중학생이 되는 시점에서는 세계적인 대작가 도스토예프스키, 톨스토이 등의 책도 즐겨 읽을 정도로 독서 실력이 향상되었습니다.

철수의 공부습관과 책 읽는 습관은 그야말로 느림보 거북이 같았습니다. 책을 펴면 책 안에 있는 검은 색은 토씨 하나도 놓

치지 않았습니다. 책 내용뿐 아니라 책이 발행된 날짜, 출판사 이름, 심지어 출판사의 전화번호까지도 꼼꼼하게 보았습니다.

그런 기본기를 탄탄하게 만드는 공부습관과 생활습관은 철수를 더욱 똑똑하고 공부 잘하는 사람으로 만들어 주었습니다.

초등학교를 졸업할 때는 학교 도서관에 있는 책을 다 읽겠다는 목표를 달성해내고 말았답니다.

공부법

부산 중앙중학교에 올라가서도 안철수 아저씨의 거북이 공부 습관은 계속 되었습니다. 그 때문인지 중학교에 가서도 성적은 잘 나오지 않았습니다.

공부를 열심히 하는데도 성적은 좋지 않았고, 고등학생 1학년이 되자 사실 마음이 조금 조급해지기도 했습니다.

사람들은 이렇게 말하기도 했습니다.

"철수야, 아직도 고등학교 1학년 수학 공부를 하고 있으면 어쩌니? 지금 공부를 좀 잘한다는 친구들은 전부 고등학교 3학년 수학 공부를 하고 있다더라. 너처럼 진도가 느려서는 좋은 대학에 갈 수 없대."

하지만 안철수 아저씨는 기초탄탄 공부법을 버리지 않았습니다.

'얼마나 빨리 공부를 하느냐보다 얼마나 꼼꼼하게 공부하느냐가 더 중요해. 기초가 탄탄하면 결국 어떤 어려운 문제도 응용해서 풀어낼 수 있어. 수박 겉핥기식의 공부는 안 할 거야.'

모르는 것이 있을 때는 완전히 이해할 때까지 반복해서 공부했습니다. 안철수 아저씨의 부모님은 "공부 좀 해라"라는 잔소리를 한 번도 하지 않으셨습니다.

그도 그럴 것이 어린 철수는 스스로 알아서 공부하는 이른바 '자기주도적 공부법'을 하는 아이였기 때문입니다. 안철수 아저씨는 자신의 결심을 분명히 했고 과목마다 자신만의 공부 방법을 세워 두었습니다.

국어 : 국어는 책을 많이 읽는 것이 성적을 올리는 가장 좋은 방법이다. 철수는 책을 많이 읽었으니 자신이 가장 잘할 수 있는 과목이라고 생각했습니다.

실제로 국어 시험에서는 교과서에 나오지 않는 내용이 많이 나왔지만 독서능력이 뛰어난 안철수 아저씨는 아무리 어려운 문제라도 다 풀어 낼 수 있었습니다.

영어 : 영어는 단어를 많이 알고, 문법의 기초가 탄탄해야 한다.

안철수 아저씨는 걸을 때도 단어장을 들고 다니며 단어를 외웠고 문법 공부에 열중했습니다.

수학 : 수학은 공식과 원리를 잘 이해하고 잘 응용하는 것이 중요하다. 기본 공식을 완벽하게 이해하고 어려운 문제는 집요하게 파고들어야 한다.

안철수 아저씨는 다른 친구들이 "나는 문제집을 10권이나 풀었어"라고 자랑을 할 때도 교과서만 몇 번씩이나 반복해서 공부했습니다. 어려운 문제는 완벽하게 풀 수 있을 때까지 집요하게 파고들었습니다.

2학년이 되고 3학년이 되자 성적은 점점 올라갔습니다. 대학교에 갈 때는 부모님에게 이렇게 말할 수 있었습니다.

"아버님, 어머님, 저 서울대학교 의과대학으로 가겠습니다."

안철수 아저씨의 공부법은 우리나라에서 가장 공부를 잘하는 학생들이 모인다는 서울대학교에 갈 수 있을 정도의 실력을 만들어 주었고, 1980년에 결국 안철수 아저씨는 주위 사람들의 부러움을 받으며 서울대학교 의대생이 되었습니다.

고등학교 시절 공부에 열중했던 안철수 아저씨는 대학에 가면 조금 자유로운 생활을 누릴 수 있을 거라 생각했습니다. 하지만 그것은 착각이었습니다.

사람의 생명을 다루는 의사를 만드는 의과대학의 공부는 고등학교 때와는 비교할 수 없을 정도로 힘들었습니다. 고등학교 시험과는 달리 의과대학에서는 수시로 시험이 있었습니다. 밤늦게까지 공부하는 것도 모자라 새벽 일찍 일어나서 공부를 해야 했습니다.

'공부를 하면 할수록 내가 얼마나 부족한 사람인가를 알겠어.'

다른 학생들보다 공부를 많이 함에도 성적은 그다지 좋지 않았습니다. 그 학생들은 선배들에게 받은 '예상문제', 즉 예전에 시험에 나왔던 것을 중심으로 공부했지만 안철수 아저씨는 자신의 방법을 지켰습니다.

'느리더라도 기본에 충실하자는 나만의 공부법을 지킬 거야.'

시간도 많이 걸리고 공부할 분량도 훨씬 많았지만 안철수 아저씨는 자신과의 약속을 지켰습니다.

"철수 쟤는 요령이 너무 없는 거 아냐?"

다른 친구들이 그렇게 이야기했지만 안철수 아저씨는 공부는 요령으로 하는 것이 아니라 원칙으로 하는 것이라고 믿고 실천했습니다. 결국 기초를 탄탄하게 하는 그의 공부법은 오늘날의 안철수 아저씨를 만들어 주었습니다.

공부를 잘하는 사람의 공통점은 기본을 중요하게 여긴다는 점입니다.

홈볼트라는 유명한 독일 철학자 이야기를 통해 우리는 기본이 얼마나 중요한 것인지 다시 한 번 깨달을 수 있습니다.

독일 베를린 대학의 한 강의실에 젊은 대학생이 아닌 백발이 성성한 노인이 강의를 듣고 있었습니다.

대학생들은 이런 생각을 했습니다.

'저 분은 왜 여기에서 자신보다 나이가 어린 교수에게 강의를 듣고 있을까?'

노인은 필기까지 열심히 해가면서 강의에 집중하고 있었습니다. 강의가 끝나고 사람들은 자리에서 일어나려고 했습니다.

그때 한 학생이 깜짝 놀라며 물었습니다.

"혹시 홈볼트 교수님 아니십니까? 철학의 대가이신 교수님께서 어떻게 이렇게 기본적인 강의를 들으러 오신 겁니까?"

이미 독일에서 유명하고 뛰어난 교수인 홈볼트는 이렇게 조용히 말했습니다.

"공부란 멈추어서는 안 되는 것이라네. 난 기초를 다시 들으며 내 학문을 더욱 깊어지게 하기 위해서 온 것이지. 공부가 잘 안 풀릴 때 기초를 다시 한 번 점검하면 이상하게도 어려운 문제가 해결되는 법이거든."

"나는 초등학교 4학년인데 중학교 1학년 수학을 배우고 있어."

가끔 이렇게 자랑하는 친구들을 볼 때가 있습니다. 그런데 그런 친구들 중에서 많은 친구들이 4학년 수학공식과 개념도 잘 모르면서 앞서 나가는 공부를 하고 있습니다.

그것은 결코 좋은 공부법이 아닙니다. 기초를 충실하게 하는 안철수 아저씨의 공부법을 배우는 여러분이 되세요.

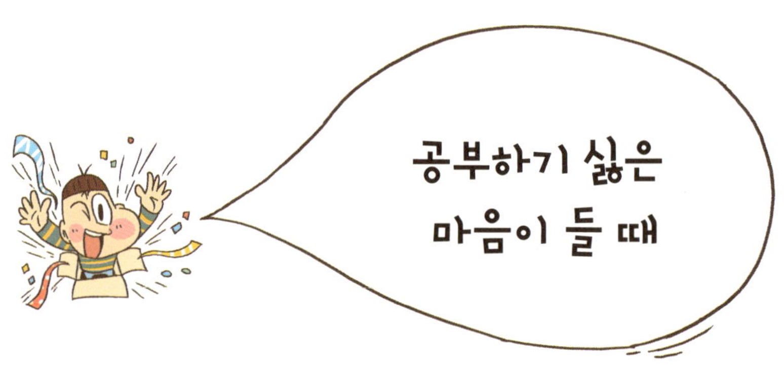

사람들로부터 존경받는 박사님이 있었습니다. 그는 아무도 풀지 못한 과학 문제를 100년 만에 풀어내어 유명해졌습니다.

덕분에 돈도 많이 벌고 명예도 얻었습니다. 한 신문기자가 박사님을 찾아가 인터뷰를 했습니다. 그 신문기자는 좋은 가르침을 주고 싶어서 박사님을 찾아 갈 때 자신의 아들도 함께 데려갔습니다.

"박사님, 대단하십니다. 박사님은 어린 시절부터 그렇게 과학을 좋아하셨나요?"

박사님은 웃으며 대답했습니다.

"과학뿐 아니라 모든 공부를 싫어했지요."

"그런데 어떻게 과학박사가 되고 그 어려운 문제를 풀어내셨나요?"

박사님은 아이의 머리를 쓰다듬으며 아이에게 물었습니다.

"너도 그것이 알고 싶니?"

"네, 박사님."

아이가 대답하자 박사는 지난날을 회상하듯 생각에 잠기더니 신문기자에게 조용히 말하기 시작했습니다.

"제 어린 시절의 이야기입니다. 전 무척이나 공부가 싫었습니다. 그리고 공부를 잘하지도 못했습니다. 하루는 시험을 아주 못 쳤습니다. 그랬더니 더 공부가 하기 싫어지더군요. 그래서 아버지께 이렇게 말했지요. '아빠, 난 공부가 싫어요. 공부를 안 해도 살아갈 수 있잖아요' 라고 말이에요."

박사님은 계속 말을 이었습니다.

"아버지는 한참을 생각하시더니 이야기 하나를 들려주시더군요."

「이런 이야기가 있단다. 예전에 한 소년이 꿈을 꾸었지. 그 소년이 오솔길을 걸어가고 있을 때 산신령이 내려와 이렇게 말했어.

"애야. 지금부터 네가 가는 길에 떨어져 있는 돌멩이들을 주우렴. 그것은 정말로 귀한 것이라 너를 기쁘게 해줄 것이다."

소년은 꿈에서 깨어났지. 하지만 소년은 '이깟 돌멩이가 무슨 소용이 있어'라며 딱 두 개만 줍고 말았단다. 그리고 하루가 흘렀어. 소년은 호주머니를 살펴보다 깜짝 놀랐지.

돌멩이 두 개가 다이아몬드로 변해 있는 것 아니겠어? 그제야 소년은 이런 후회를 했어.

'어제 돌멩이를 더 많이 챙겨올걸' 하고 말이다.

애야, 공부도 마찬가지란다. 네가 훗날 자라나서 이런 후회를 하게 될지도 모른단다. 어린 시절 좀 더 공부를 열심히 했더라면 더 좋았을 것을…… 하는 후회 말이야.」

"그날 이후로 아버님은 제게 공부하라는 말씀을 단 한 번도 하시지 않았습니다. 하지만 전 열심히, 있는 힘을 다해 공부를 했지요. 그래서 오늘 박사인 제가 있게 되었습니다."

박사님은 아이를 바라보더니 친절하게 말해주었습니다.

"공부! 시험! 듣기만 해도 지겨운 말이지? 하지만 부모님들은 왜 그렇게 '공부해라'라는 말을 많이 하시는 걸까? 그리고 꼭 이런 말을 덧붙이시지. '지금 열심히 공부하지 않으면 어른이 되어서 후회한다' 라고."

박사는 잠시 말을 끊었다가 다시 말을 이었습니다.

"공부란 과연 무엇일까? 나는 공부란 이런 것이라고 생각한단다. 지금은 하기 싫고 괴롭지만 참고 열심히 하면 훗날엔 보약이 되어 주는 것이라고. 물론 1등을 하고 무조건 잘해야 된다는 말이 아니야. 공부를 잘하는 것보다 더 중요한 것이 있지.

그것은 성실하고 열심히 하는 노력이란다. 세상일은 공부를 잘한다고 전부 해결되지는 않지. 하지만 성실하지 않고 노력하지 않으면서 해결할 수 있는 일은 아무것도 없단다.

공부도 마찬가지야. 공부를 잘하지 못하더라도 성실하게 열심히 하는 사람은 커서도 성공할 가능성이 높은 사람이란다. 무슨 일이든 성실하게 열심히 하는 습관을 가진 사람이기 때문이지."

부산시 전포동에 자리 잡고 있는 동성초등학교(그때는 동성국민학교라 불리었답니다)에 갓 입학한 철수는 무척 긴장되었습니다. 검은색에 목 부분만 하얀 컬러로 된 교복도 어색하기만 했습니다. 전날 입학식을 하고 오늘 새로운 친구들과 함께 처음 교실에 앉았습니다.

동네에서 뛰어노는 데 익숙해 있던 꼬마가 교실에서 40분 이상 앉아 있기란 사실 여간 어려운 일이 아닙니다. 긴장도 되고, 낯선 환경이 두렵기도 했습니다.

철수와 아이들이 초등학교에 들어가서 처음 배우는 과목은 국어였습니다.

"자, 여러분 따라 해보세요."

선생님이 읽어 주었습니다.

"영희야 철수야 놀자. 바둑아 놀자."

교실에 있는 아이들은 선생님의 말을 전부 따라 했습니다. 철수도 선생님의 말을 따라 했습니다.

"이번엔 여러분이 직접 읽어 보겠어요. 누가 한 번 읽어 볼까요?"

"저요. 저요!"

여기저기서 손이 올라갔습니다. 서로 읽어 보겠다고 아우성을 쳤습니다. 그런데 어찌된 일인지 철수의 오른손은 바지춤만 꼭 잡고 움직이질 않았습니다.

선생님은 다른 친구들은 전부 발표하려고 손을 드는데 철수만 손을 들지 않는 것이 궁금했습니다.

사실 철수가 손을 들지 않은 데에는 이유가 있었습니다. 철수는 초등학교에 들어갈 때까지 한글을 몰랐기 때문입니다. 철수가 다니는 초등학교는 공부를 잘하는 곳이라 한글을 배우고 입학하는 아이들이 많았습니다. 그런데 철수는 한글을 배우지 않고 입학했기에 국어수업 시간이 어리둥절할 수밖에 없었습니다.

처음에 철수는 다른 친구들이 모두 아는 한글을 자신만 모른다는 사실이 조금 부끄러웠습니다.

아버지는 그 이유를 설명해주셨습니다.

"철수야, 한글을 빨리 배운다고 좋은 것은 아니란다. 아버지와 엄마는 네가 책을 좋아하는 사람이 되길 바라지 글을 잘 읽는 사람이 되길 바라는 것은 아니란다."

아버지는 철수에게 책을 한 권 선물로 주었습니다.

철수는 한글도 제대로 읽지 못하는 상태였지만 아버지가 준 책을 받고 너무나도 기뻤습니다.

'그래, 지금부터 글을 익히면 되잖아. 그리고 한글은 선생님께서 학교에서 가르쳐 주시니 괜찮아.'

"가, 나, 다, 라. 아! 이 글은 '라'구나."

학교에서 선생님에게 배운 한글로 철수는 책을 읽어 나가기 시작했습니다. 한글도 모르던 철수에게 책이 친구가 되기 시작했습니다.

철수의 가족은 모두가 책을 좋아했습니다. 철수의 아버지는 부산의 달동네에서 병원을 운영하고 있는 의사 선생님이었는데 아버지 또한 독서광이었습니다. 어린 철수는 아버지와 어머니가 늘 책을 읽는 모습을 보고 자랐습니다. 그 덕분에 철수 또한 자연스럽게 책을 가까이 하게 되었습니다.

아버지의 병원에는 책을 팔러 오는 사람들이 많았습니다. 그 사람들이 올 때면 아버지는 어김없이 책을 샀습니다.

아버지가 병원에서 산 책을 집으로 들고 올 때면 철수는 강아지가 주인이 오면 반갑게 꼬리를 흔들듯 아버지의 주위를 맴돌았습니다.

"어휴, 무겁다. 철수야, 선물이야."

아빠는 포장지에 꽁꽁 싸인 책 상자를 내려놓았습니다.

책 상자를 볼 때면 철수의 기분은 하늘을 날아오르는 풍선처럼 두둥실 떠오릅니다. 철수는 책 상자를 땅에 놓고 어서 빨리 책을 보고 싶었습니다.

상자를 빨리 풀고 싶었지만 1학년에게는 쉽지 않은 일이었습니다. 마음이 급해졌습니다. 손이 떨릴 정도로 마음이 급해진 철수는 상자를 뜯자마자 책을 꺼내들고 상자 위에 걸터앉았습니다.

편하게 앉아서 읽어도 될 텐데 잠시도 기다리고 싶지 않은 마음에 상자 위에서 책을 읽어 나가기 시작한 것입니다.

철수는 이렇게 초등학교 때부터 무슨 책이든 가리지 않고 읽는 습관이 생겨나기 시작했습니다.

독서

부자가 된 사람들은 그냥 부자가 되었을까요? 그들에게는 부자가 된 비결이 있답니다. 세계 최고 부자들의 성공비결을 한 번 엿볼까요?

2011년 9월, 〈포브스〉라는 잡지에서 조사한 세계 억만장자 순위에서 590억 달러(약 67조 원)의 재산으로 1위를 차지한 컴퓨터의 황제 빌 게이츠는 자신의 성공 이유를 이렇게 말했습니다.

"오늘날의 나를 만든 것은 동네의 공립도서관이었습니다. 훌륭한 독서가가 되지 않고는 참다운 지식을 갖출 수 없지요. 멀티미디어 시스템이 발달하면서 정보를 전달할 때 영상과 음향을 많이 사용하지만 문자는 여전히 세부적인 내용을 전달하는 최선의 과정입니다. 나는 평일에는 최소한 매일 밤 1시간, 주말에는 3~4시간의 독서 시간을 가지려고 노력합니다. 이런 독서가 제 안목을 넓혀주었죠.”

세계 억만장자 순위에서 1위와 3위 사이를 오가는 워렌 버핏은 약 440억 달러(약 49조7000억 원)의 재산을 가지고 있는 부자입니다.

그는 자신이 부자가 된 이유를 이렇게 말하고 있습니다.

“나는 보통 사람의 평균보다 5배 정도 더 책을 읽습니다. 나는 아침에 일어나 사무실에 나가면 자리에 앉아 책을 읽기 시작하죠. 읽은 다음에는 8시간 통화하고, 읽을거리를 가지고 집으로 돌아와 저녁에 또 다시 읽습니다.”

최고의 성공을 거두고, 세계 최고의 부자가 된 사람들이 공통적으로 빼놓지 않고 하는 말이 독서입니다. 부자뿐 아니라 똑똑하고, 공부를 잘하는 사람은 모두 뛰어난 독서 능력을 갖고 있습니다.

우리나라에서 가장 어려운 시험 세 가지가 있습니다. 변호사나 판사가 되는 사법고시, 우리나라를 이끄는 고위 공무원이 되는 행정고시, 반기문 유엔사무총장처럼 외교관이 되는 외무고시가 그것입니다.

그런데 이 어려운 시험을 모두 합격한 고시 3관왕이며 '한국의 공부박사' 로 불리는 사람이 있습니다. 바로 고승덕 변호사입니다.

사람들은 공부에 관한 한 그를 따라잡을 사람이 없다고 말합니다. 그는 자신이 공부를 잘할 수 있게 된 원인을 다름 아닌 '책' 에서 찾았습니다.

"책을 많이 읽었던 것이 공부를 혼자 해도 잘할 수 있는 평생의 밑거름이 된 것 같습니다. 공부를 잘하려면 초등학교 때 책을 열심히 읽는 것이 가장 중요하다고 생각합니다. 어릴 적에 책을 많이 읽어야 머리도 좋아지는 것 같고요."

안철수 아저씨 역시 독서에 대해서는 엄지손가락을 내밀 수 있을 정도의 인물이죠.

얌전하고, 적극적이지 못했던 성격의 안철수 아저씨가 현재의 뛰어난 능력을 가질 수 있게 만들어 준 것도 '독서의 힘' 이었습니다. 초등학교 시절 안철수 아저씨는 그렇게 뛰어나지 않았지만 책을 무척이나 좋아했습니다.

독서는 산꼭대기의 조그만 눈과 같습니다. 그 눈을 산꼭대기에서 굴리면 어떻게 될까요? 처음에는 밤톨만 했던 것이 조금 더 굴러 내려오면 테니스공, 배구공, 농구공 크기로 변하죠. 그러다가는 점점 엄청난 크기로 변하고 맙니다.

안철수 아저씨에게 독서는 바로 그런 힘이 되어 주었습니다. 독서는 초등학교에서는 1등을 하지 못했던 안철수 아저씨를 고등학교에서는 줄곧 1등을 놓치지 않게 해주었고 수재들이 모인다는 서울대 의대에 진학할 수 있게 만들어 주었습니다.

안철수 아저씨는 자신의 컴퓨터가 '브레인'이라는 바이러스에 감염되는 경험을 했습니다. 그는 바이러스를 고치기 위해 밤잠도 자지 않고 컴퓨터에 빠져들었죠.

그에게 그런 집중력을 길러주었던 것이 바로 독서였습니다. 독서를 통해 집중력을 기를 수 있었기에 바이러스를 고칠 백신을 개발할 수 있었고, 1995년 3월에 세 명의 인원으로 서울 서초동에 '안철수 연구소' 세울 수 있었던 것입니다.

독서 경영을 펼쳤던 '안철수 연구소'는 결국 우리나라 제1위 컴퓨터 보안 업체로 성장했고 안철수 아저씨 본인은 서울대학교 교수가 되었습니다.

안철수 아저씨의 오늘을 만든 독서법은 다음과 같습니다.

첫째, 책을 읽은 시간만큼 생각할 시간도 가진다. 읽고 나서 생각하지 않으면 그것은 자신의 것이 되지 않는다는 것이 그의 생각입니다.

둘째, 책을 읽으면서 항상 머릿속에 '왜?'라는 질문을 던진다. 작가가 이 부분에서 왜 이렇게 이야기했는지 자신에게 질문을 하면서 읽는 것입니다. 독서는 자신의 생각을 바꾸는 것입니다. 그래서 작가가 쓴 내용 외에 여러 가지 방법으로 자신만의 생각을 해보는 거예요.

'나도 머리가 좋다면 얼마나 좋을까?'

'IQ가 높은 사람은 얼마나 좋을까?'

여러분은 가끔 이런 생각을 하곤 하죠? 머리가 좋아지고, IQ가 쑥쑥 높아지는 최고의 비결이 있습니다. 그것은 바로 '책 읽기'입니다.

책은 우리들이 다양한 사고력을 기를 수 있게 도와줍니다. 논리력, 창의력 같은 것들은 대부분 책을 읽으며 자라나는 법이랍니다. 여러분 주위에 책을 많이 읽는 친구들을 둘러보세요. 아마 그 친구들은 공부나 글쓰기를 아주 잘하는 친구일 것입니다.

이제 선생님과 부모님이 책과 독서를 왜 그렇게 강조하는지 다 알겠죠? 안철수 아저씨의 성공씨앗이 되어준 독서. 그 독서는 여러분의 성공씨앗이 되어줄 수 있답니다.

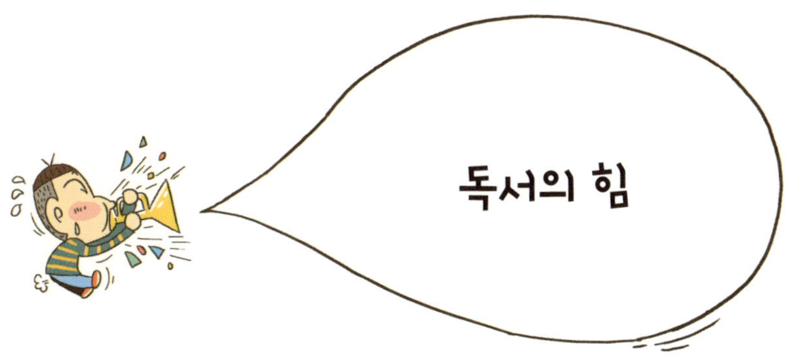

"건현아, 이번 토요일 오후에 인라인 스케이트 타러 가는 건 어때?"

친구 도훈이의 물음에 건현이는 멋쩍은 듯 머리를 긁적이며 대답했습니다.

"음…… 미안해. 이번 주 토요일 오후엔 약속이 있어."

"야. 넌 왜 토요일 오후마다 매번 약속이 있는 거야?"

"정말 미안해."

그다지 똑똑하지도 않고, 공부를 잘하지도 않는 건현이. 무슨 약속인지 모르지만 건현이는 꼭 토요일 오후면 약속이 있다며 어디론가 사라졌습니다.

1년이 훌쩍 흘러 3학년이던 건현이도 4학년이 되었습니다.

"야. 우리 둘이 같은 반이 되어서 참 다행이야."

"그래. 도훈아. 나도 너와 같은 반이 되어서 참 기뻐."

건현이와 도훈이는 어깨동무를 하며 기뻐했습니다.

4학년이 되어서 처음 하는 과학수업이었습니다. 과학 실험을
하다 선생님께서 질문을 하셨습니다.

"누가, 아인슈타인에 대해서 알고 있는 사람 없니?"

아이들은 서로의 얼굴을 멀뚱멀뚱 쳐다만 볼 뿐, 아무도 발표
하는 사람이 없었습니다.

그런데 교실 뒤쪽에서 오른손 하나가 슬그머니 올라갔습니다.

건현이었습니다.

"그래. 건현이가 한 번 발표해보렴."

"네. 아인슈타인 박사는 상대성이론을 발표한 위대한 과학자
입니다. 상대성이론이란……."

아이들은 귀를 의심했습니다. 눈도 동그래졌습니다.

수업시간이 끝나자마자 도훈이는 건현이에게 달려갔습니다.

"야. 건현아. 너 어떻게 그걸 알았어. 대단한걸!"

건현이는 그냥 피식 웃을 뿐이었습니다.

하지만 호기심 대장 도훈이가 가만히 있을 리가 없었습니다. 가방을 메고 운동장을 빠져나가면서 도훈이는 건현이의 귀에다 대고 귀엣말을 속삭였습니다.

"그 비결이 뭐야? 나에게만 이야기해 줘."

"너에게만 이야기해 줄게. 그건 말이야. 매주 토요일 오후에 약속을 지켰기 때문이야."

"누구하고, 무슨 약속?"

도훈이는 다급해졌습니다.

"응. 나하고의 약속을 잘 지켰지. 매주 토요일에는 도서관에 가서 책과 친구가 되겠다는 나하고의 약속 말이야."

"그러면 똑똑해지는 거야?"

건현이는 도훈이의 손을 잡았습니다. 그리고는 땅에다 손바닥을 댔습니다.

"어떠니? 도훈아. 손바닥에 흙이 묻어 나오지?"

"응."

"마찬가지야. 흙바닥에 손을 대면 흙이 손에 묻어 나오듯이 책을 읽으면 책을 지은 위대한 사람들의 정신과 생각이 나에게도 묻게 되는 거야. 나는 매주 토요일 날 도서관에 가서 책을 읽겠다는 약속을 했고, 그 약속을 지켰어. 그렇게 1년이라는 시간이 지났더니 나도 모르는 사이에 조금 똑똑이가 된 것 같아.”

건현이는 참 해맑은 웃음을 지어 보였습니다. 도훈이도 느낀 점이 있는 듯 말했습니다.

“책이 그렇게 힘이 세단 말이야? 그럼 나도 한 번 똑똑이 박사가 되어볼까?”

둘은 새끼손가락을 걸고 약속을 했습니다. 매주 토요일마다 책과 함께 여행을 떠나겠다고…….

따스한 햇살이 내려쬐는 부산 동성초등학교 교실.

"철수야, 이제 책 그만 읽고 우리 운동장에 놀러 나가자."

답답했는지 친구가 말했지만 철수는 묵묵히 책만 읽고 있었습니다.

"너는 완전 책벌레야."

보통 아이라면 벌레라고 부르면 끔찍하게 생각하며 화를 낼 테지만 철수는 벌레라는 별명이 싫지 않은 표정이었습니다. 오히려 자신이 그런 별명으로 불리는 게 기분이 좋았습니다.

'벌레 중에서 가장 좋은 벌레인걸, 뭐.'

철수는 수업시간에 선생님의 말씀을 귀담아 들었습니다.

“이 문제 아는 사람 손들어 보세요.”

하지만 용기가 부족했던 철수는 알고 있으면서도 손을 들지 못했습니다.

“철수가 일어나서 한 번 대답해보렴.”

철수는 머리를 긁적이며 일어섰습니다.

“저, 저, 그게…….”

철수는 원숭이 궁둥이처럼 얼굴이 빨개졌습니다.

‘알고 있었는데…….’

뒤에 있는 친구가 수군거리는 소리가 들렸어요.

“봐. 철수는 책만 열심히 읽지 발표도 제대로 못해. 책만 읽으면 밥이 나오니? 떡이 나오니?”

“킥킥.”

알고 있으면서도 다른 친구들이 보는 곳에서 발표하려고 하면 꿀먹은 벙어리가 되는 자신이 원망스러웠습니다.

철수의 가장 친한 친구가 쉬는 시간에 물었습니다.

“나는 네가 발표하는 걸 한 번도 못 봤어. 너도 아는 것 같은데 왜 발표를 한 번도 안 하는 거야?”

철수는 오른손으로 머리를 긁적이며 피식 웃기만 할 뿐 아무

대답이 없었습니다. 철수는 이처럼 수줍음을 많이 타는 아이였습니다.

그런 수줍음을 많이 타는 철수에게도 한 가지 최고의 장점이 있었습니다. 그것은 집중력이었습니다. 철수는 책을 한 번 들면 다 읽을 때까지 절대 놓지 않는 집중력을 가지고 있었습니다. 집에서 학교까지 걸어가는 등굣길에도 철수의 손에는 항상 책이 들려져 있었습니다.

"철수야!"

어디선가 천둥처럼 요란한 소리가 들려 왔습니다. 철수는 고개를 돌렸습니다.

"응?"

친구는 철수가 어리둥절해하는 표정을 보면서 답답하다는 듯이 말했습니다.

"야, 내가 너를 몇 번이나 부른 줄 알아? 너는 내 말 소리가 안 들려?"

책에 너무 집중하다 보니 친구들이 부르는 소리도 안 들린 모양입니다.

'책을 읽을 때나 공부를 할 때나 집중하기.'

이것은 철수가 늘 다짐하던 일이었습니다.

어느 날이었습니다. 그날은 《파브르 곤충기》라는 책을 읽으면서 학교로 가고 있었습니다. 집에서 학교까지 30분이나 걸렸지만 철수는 책에서 눈을 떼지 않았습니다.

책 속에 있는 글자들이 머릿속에 맴돌며 철수는 상상속의 세계로 빠져 들기 시작했습니다. 워낙 집중력이 뛰어나다 보니 금세 책의 바다로 흠뻑 빠졌습니다.

그런데 갑자기 요란한 경적소리가 들려 왔습니다.

"빵빵."

깜짝 놀란 철수가 고개를 들었습니다.

"야, 이놈아. 차가 지나가는 게 안 보여?"

자동차였습니다. 달리던 자동차가 자신의 몸 바로 앞에 서 있었습니다.

'어휴, 깜짝이야.'

책을 보느라 지나가는 차를 보지 못해 사고가 날 뻔한 것입니다.

사고가 날 뻔하게 만든 건 철수의 놀라운 집중력이었습니다. 집중력은 철수가 위험한 일을 겪게 만들었지만 그를 위대하게도 만들었습니다.

집중력

책에 한 번 빠져들면 그 책을 놓을 때까지 자리에서 일어나지 않는 집중력. 무슨 일을 하더라도 그 일이 마무리 될 때까지 몰두하는 집중력. 이것이 바로 안철수 아저씨의 힘입니다.

안철수 아저씨는 대학 시절에도 그런 집중력을 잃지 않았습니다. 안철수 아저씨는 서울대학교 도서관에서 늘 밤늦게까지 공부하는 학생이었습니다. 물론 안철수 아저씨 외에도 많은 학생들이 밤늦게까지 공부를 하곤 했습니다.

그런데 어느 날 안철수 아저씨가 공부를 마치고 고개를 들어 보니 그날은 이상하게도 학생이 단 한 명도 남아 있지 않고 자신만이 도서관에 있었습니다.

안철수 아저씨는 이상하다고 생각했습니다. 그런데 알고 보니 그날은 하루 종일 태풍이 몰아치고 천둥과 번개가 계속되어서 다른 학생들은 모두 일찍 집으로 돌아간 것이었습니다. 그런데 안철수 아저씨는 책에 집중해 있느라 그 사실조차도 알지 못했습니다.

그런 집중력은 결혼을 하고 난 이후에도 여전했습니다.

안철수 아저씨는 부인 김미경 씨와 결혼을 한 후 31살이라는 늦은 나이에 군대를 갔습니다.

안철수 아저씨는 입대 영장을 받고도 전날까지 밤새도록 백신 프로그램을 만드는 일에 몰두했습니다. 백신 프로그램을 개발하다가 시계를 보니 어느덧 새벽 4시가 되었습니다.

그의 아내는 입대하는 날까지 그렇게 할 수 있냐고 타박했습니다. 그제야 안철수 아저씨는 '아, 오늘 군대에 가는 날이지' 하고 머리를 긁적였습니다.

보통 사람들은 이해하기 힘들 정도의 집중력. 이것이 아무것도 없는 무에서 한국 최고의 백신 프로그램이라는 유를 창조한 안철수 아저씨의 힘입니다.

안철수 아저씨뿐만 아니라 세상을 움직이는 사람은 모든 이런 뛰어난 집중력을 가지고 있습니다.

사업으로 커다란 성공을 거둔 어느 기업가의 차에 스티커 하나가 붙어 있었습니다. 그 기업가는 자신이 성공한 비결이 매일 아침 차를 타면서 스티커의 글귀를 마음속에 새기는 것이라고 말했습니다.

그 스티커에는 이런 글귀가 적혀 있었습니다.

목적이 없으면 아무리 빨리 달려도 목적지에 도달할 수는 없다. 자신의 목적지에 도달하기 위해 한 가지 일에 집중하라.

여러분은 롤러스케이트를 탄 문어같이 되어서는 안 됩니다. 롤러스케이트를 많이 신으면 열심히 많이 움직이더라도 결코 앞으로 나아가지 못하고 우왕좌왕하게 되는 법이지요.

자신만의 목표를 가지고 한 가지 일에 집중할 수 있는 것. 그것이 성공의 제1법칙이랍니다.

그러나 초등학생 여러분들이 한 가지 일에 집중하기는 결코 쉬운 일이 아니랍니다. 그렇다면 여러분들은 어떻게 집중력을 길러야 할까요?

미국에 사업이 매우 잘되는 한 회사가 있습니다. 그런데 그 회사에 특별한 제도가 하나 있었는데 '기지개 시간'이 바로 그것이었습니다.

1시간마다 3분 정도씩 기지개를 펴고 자리에서 일어나 몸도 움직이고, 동료들과 이야기를 나누는 시간을 가지는 것이지요. 그렇게 휴식을 취하고 나니 일에 훨씬 더 집중을 잘하게 되었고, 그 결과 큰 회사로 성장할 수 있었답니다.

진짜 공부를 잘하고, 진짜 일을 잘하는 사람은 어떤 사람일까요? 공부할 때 집중해서 공부하고, 놀 때는 노는 것에 집중하는 사람이랍니다.

공부할 때 게임 생각, 놀 생각을 하고 막상 노는 시간에는 놀지 못하고 멍하니 있는 버릇을 가지고 있지는 않나요?

초등학생 친구들을 보면 공부할 때 딴 생각을 하고, 놀 때도 노는 것에 집중하지 못하는 '거꾸로' 친구들을 볼 때가 많이 있습니다.

이제 놀 때는 노는 것에 집중하고, 공부할 때는 딴 생각하지 않고 오직 공부에만 몰두하는 습관을 가지도록 노력해보세요. 그것이 여러분을 집중력 달인으로 만들어 줄 거예요.

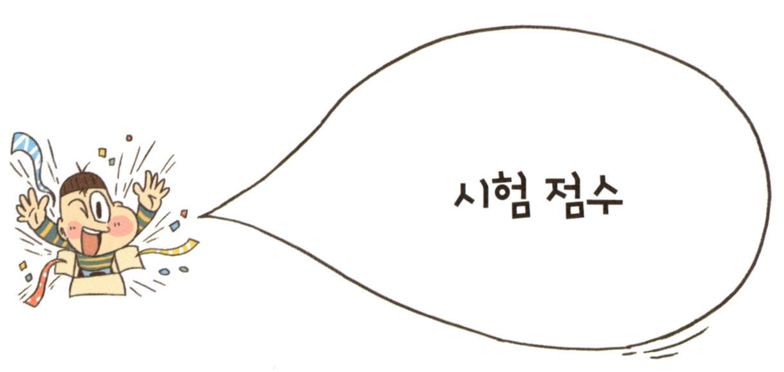

교실은 새벽 3시처럼 고요합니다.

쓱싹 쓱싹 하고 가끔씩 들리는 연필 소리와 문제를 잘 모를 때 나오는 아이들의 '휴' 하는 한숨소리뿐입니다.

"딩동댕동."

시험 시간이 끝나는 종소리가 울렸습니다.

뒤에 앉은 아이들이 시험지를 걷고 선생님께서 교무실로 가시자 갑자기 교실은 떠들썩해집니다.

아이들은 서로에게 묻기 시작합니다.

"7번 정답이 뭐야? 나는 3번이라고 적었는데 너는 몇 번이라고 적었니?"

"야, 넌 몇 점일 것 같아?"

아이들은 서로의 시험을 비교해보느라 정신이 없습니다. 시험을 잘 쳤을까? 못 쳤을까?

아이들은 시험 점수를 가르쳐 주는 다음 날이 기다려지기도 하면서, 한편으로는 내일이 오는 것이 두렵기만 합니다.

다음 날 아침. 1교시가 시작되자 아이들의 눈빛은 선생님께 고정되었습니다.

선생님은 아이들의 이름 하나 하나를 부르면서 시험지를 나누어 주셨습니다.

"김효진."

효진이는 선생님께 시험지를 받으러 교탁 앞으로 나갔습니다.

콩닥콩닥.

그 짧은 순간에도 효진이의 가슴은 가만히 있지를 못했습니다.

선생님께 시험지를 받고 자리로 돌아오면서 효진이는 가슴이 철렁 내려앉는 것 같았습니다. 자신이 예상한 것보다 훨씬 시험을 못 친 것이었습니다.

다른 아이들의 이름이 불리는 동안, 효진이는 머리를 책상 위에 파묻고 있었습니다.

"자, 여러분. 시험지를 받아보니 만족할 만한 결과가 나왔나
요?"

선생님께서 질문을 했지만 아이들은 풀죽은 토끼처럼 아무런
대답도 못 했습니다.

선생님은 주위를 한 번 쭉 둘러보셨습니다. 두세 명 정도의 아
이들만이 시험 성적에 만족하는 듯 환하게 웃고 있었고, 나머지
아이들은 실망한 표정이 가득 했습니다.

몇몇 아이들의 눈에는 눈물까지 맺혀 있었습니다.

선생님은 반장인 효진이에게 질문을 하셨습니다.

"효진아, 넌 왜 고개를 그렇게 숙이고 있니?"

"제 자신이 싫고 미워서요."

"효진아, 왜 자신이 싫고 미워졌니?"

"시험을 잘 못 쳤으니까요."

선생님은 말없이 가만히 서 계시다가 몸을 돌려 칠판에 글을
적기 시작하셨습니다.

concentration! concentration!

선생님은 칠판에 이런 글자를 적고는 아이들에게 물었습니다.

"시험을 못 쳐서 자신에게 실망한 사람 손들어 보세요."

한 명씩 손을 들기 시작했고, 대부분의 아이들이 손을 들었습니다.

선생님은 다른 질문을 또 했습니다.

"그럼 이번 시험을 치면서 만족한 사람 손들어 보세요."

아이들은 서로의 얼굴을 쳐다보다가 세 명이 손을 들었습니다.

"여러분. 선생님이 칠판에 적은 이 concentration이라는 영어는 우리말로 하면 '집중'이라는 뜻이에요. 지금 자신에게 물어보세요. '내가 시험을 잘 쳤는가? 못 쳤는가?' 라는 질문 대신에 '내가 시험시간에 집중했는가? 하지 않았는가?' 라는 질문을 말이에요."

선생님은 말을 이었습니다.

"시험 점수로 자신을 판단하는 것은 참 어리석은 일이에요. 시험이든, 무슨 일이든 지금 당장 결과가 괜찮더라도 집중하지 않는다면 그것은 모래성처럼 언제 허물어질지 모릅니다. 반면에 지금 당장 시험 결과는 만족스럽지 못하더라도 자기 자신에게 집중을 다 했다면 그 사람의 인생은 계속해서 발전하게 되어 있답니다."

선생님은 아이들을 쳐다보며 힘을 주어 말했습니다.

"선생님은 여러분들이 그런 사람이 되기를 바란답니다. 점수로 자신을 평가하기보다 모든 일에 집중했느냐, 아니냐로 자신을 평가하는 사람 말이에요."

초등학교 시절 철수의 가장 친한 친구는 '과학 상자' 였습니다.

어린 시절에는 과학 상자를 가지고 조립하는 일, 비행기와 자동차를 조립하는 일 등을 가장 좋아했습니다.

TV를 보며 철수는 이런 생각을 떠올렸습니다.

'저 TV 안에 무엇이 들어 있을까? 무엇이 들어 있기에 저렇게 신기한 화면이 왔다갔다 하는 걸까? 혹시 저 안에 마술사가 들어 있는 건 아닐까?'

기계만 보면 머릿속에 물음표가 켜지는 아이가 철수였습니다.

어느 날 철수는 친척집에 놀러갔습니다. 철수의 친척들은 모이면 음식을 준비하고, 서로 이야기를 나누느라 분주합니다.

철수가 친척집에 도착했습니다. 그러자 친척들은 음식을 준비하고, 이야기를 하기 전에 이상한 행동을 했습니다. 그것은 시계, 라디오 등의 전자제품을 철수의 손이 닿지 않는 높은 곳에 올려 두는 것이었습니다.

철수는 친척들이 그런 행동을 하는 게 이해가 되지 않았습니다.

"도대체 왜 라디오를 선반 위에 올려 두는 거예요?"

친척 어른은 피식 웃으며 말씀하셨습니다.

“지난번에 네가 분해해 놓은 새 괘종시계는 아예 고장이 나버렸어. 전자제품만 보면 네가 손을 대니 네 손이 닿지 않는 곳에 옮겨 두는 것이지.”

무엇이든 궁금한 것이 있으면 못 참고 알아낼 때까지 탐구하는 호기심. 철수는 호기심 왕자였던 것입니다.

철수의 호기심은 기계에만 그치지 않았습니다.

초등학교 시절 철수의 엄마는 책을 많이 읽어주곤 했습니다.

“사람은 아기를 낳습니다. 그렇지만 새들은 알을 낳습니다. 알을 낳는 새는 자신의 알을 품어서 새끼를 깝니다. 그것을 부화라고 합니다.”

엄마가 읽어 주는 책을 듣던 철수의 호기심에 또 시동이 걸렸습니다.

부엌에서 메추리알을 본 기억이 난 철수가 물었습니다.

“엄마, 그러면 메추리알도 품어야 새끼가 나오는 거예요?”

“당연하죠. 메추리도 조류예요. 조류는 알을 품어야 새끼가 나오는 거예요.”

철수가 빙그레 웃었습니다.

철수는 메추리라는 새를 알지 못했습니다. 철수는 바로 백과사전을 꺼내 들었고 메추리라는 새를 찾아보았습니다. 한 번도 본 적이 없는 메추리를 보고 나니 알을 품으면 그런 메추리 새끼가 태어난다는 것이 너무도 신기하게 느껴졌습니다.

그날 저녁이 되었습니다. 철수는 뒤꿈치를 들고 살금살금 부엌으로 향했습니다. 철수는 엄마가 반찬을 하려던 메추리알을 몰래 자신의 방으로 들고 왔습니다.

'메추리는 알을 이렇게 품나?'

철수는 이불을 뒤집어쓰고 몸을 이렇게 하고, 저렇게 해보면서 알을 품어 보았습니다. 마치 새가 알을 품는 것처럼 말입니다.

'이렇게 품고 있으면 알에서 새끼가 나온단 말이지.'

철수는 회심의 미소를 지으며 알을 품기 시작했습니다. 기분이 좋았던 철수는 스르르 잠에 빠졌습니다.

철수는 눈을 비볐습니다. 창 밖을 보니 이미 온 세상이 밝아오고 있었습니다. 알을 품다 잠이 들어 버렸던 것입니다.

'어? 메추리알은 어떻게 된 거지?'

철수는 지난밤에 품었던 메추리알이 생각났습니다. 철수는 벌떡 일어섰습니다. 그리고는 지난밤에 품었던 알을 보았습니다. 새끼가 되어 있을 거란 철수의 생각과는 달리 알은 모두 깨져 있었습니다.

한숨이 입에서 새어 나왔습니다. 그리고 걱정이 되었습니다.

'어휴, 이 사실을 엄마에게 알리면 혼날 텐데. 어떻게 하지?'

철수는 고민이 되었지만 솔직하게 이야기했습니다.

"엄마, 어제 책에서 읽은 내용이 궁금해서 메추리알을 품어보았어요. 알을 품으면 새끼가 될 줄 알았는데……. 그만 잠이 들어서 알이 깨지는 바람에 이불을 버렸어요."

엄마는 철수의 엉뚱함에 피식 웃고 말았습니다. 엄마는 철수를 야단치지 않았습니다. 오히려 호기심이 왕성한 철수가 대견스러웠습니다.

철수는 초등학교 때부터 그렇게 호기심이 왕성한 아이였습니다.

호기심

　네 살 때까지 말을 제대로 하지 못하던 소년. 일곱 살 때까지는 책을 아예 읽지 못하던 소년. 초등학교 1학년 성적표에 '이 소년에게는 어떠한 능력도 기대할 수 없다'라고 적혀 있던 소년. 구구단을 잘 외우지 못하고, 계산하는 데 많은 시간이 걸렸던 소년. 열 살에 학교를 중퇴한 소년. 열여섯 살에 입학시험에 떨어진 소년.

　하지만 과학에 대한 호기심으로 가득했고, 자신이 한 번 하기로 마음먹은 일은 끈질기게 파고들었던 소년. 세상 모든 일에 대해 물음표를 떠올리며 의문을 가졌던 소년.

　이 소년은 '천재' 하면 우리가 떠올리게 되는 사람, 상대성 이론을 발표해 세계 최고의 과학자가 된 아인슈타인입니다.

'사과가 왜 나무에서 떨어지는 것일까?'라는 호기심으로 만류인력의 법칙을 발견한 뉴턴, '알을 품으면 왜 깨어나지 않을까?'라는 호기심으로 발명왕이 된 에디슨 등 세상을 움직인 많은 사람들에게는 호기심이 왕성한 사람이라는 공통점이 있습니다.

안철수 아저씨 또한 마찬가지였습니다. 안철수 아저씨가 컴퓨터 바이러스를 잡는 의사가 되고, 안철수 연구소라는 컴퓨터 바이러스 연구소를 창립할 수 있었던 것도 어린 시절부터 계속된 호기심 덕분이었습니다.

안철수 아저씨가 컴퓨터를 만난 것은 1982년 의대 본과 1학년 때 친구의 하숙집 방이었습니다. 하숙방에서 처음 본 애플Ⅱ 컴퓨터는 그에게 한마디로 경이로움 그 자체였습니다.

어릴 때부터 만들기를 좋아해 라디오 조립대회에서 큰 상을 받기도 했던 그는, 수학처럼 결과가 딱 떨어지는 것을 좋아했는데 컴퓨터가 바로 그런 것이었습니다.

컴퓨터는 안철수 아저씨가 가진 호기심에 불을 지폈습니다. 계산의 기적을 일으키고 명령한 대로 결과를 만들어 내는 컴퓨터에 대한 호기심을 충족하기 위해 돈을 모았습니다. 경제적 여유가 있는 부모님께 의지할 수도 있었지만 부담을 드리는 것이 싫었고, 가지고 싶은 것은 스스로 마련해야 그 소중함이 더할 것이라 믿었기 때문이었습니다.

그로부터 1년 후인 1983년 겨울, 안철수 아저씨의 방에는 용돈을 모아 산 개인용 컴퓨터가 책상 위에 놓였습니다. 그때까지만 해도 그 컴퓨터가 자신의 인생을 바꿀 것이라고는 상상도 하지 못했습니다.

컴퓨터에 대한 호기심으로 컴퓨터를 연구했던 그에게 또 한 가지 호기심을 불러일으키는 사건이 생겼습니다.

1988년 외과의 박사 과정으로 분주했던 안철수 아저씨는 '컴퓨터 바이러스'라는 생소한 단어를 저녁 뉴스에서 보게 됩니다. 의학을 전공하고 있던 그는 자신의 관심 분야인 컴퓨터에 바이러스라는 의학 용어가 더해진 단어를 듣자 알 수 없는 호기심에 휩싸였습니다. 곧바로 컴퓨터를 켜고 바이러스를 검색하자 자신의 디스켓 2장도 이미 감염된 것을 발견할 수 있었습니다.

브레인(Brain)이라는 바이러스였습니다. 그것은 파키스탄의 형제 프로그래머들이 자신의 프로그램이 불법적으로 복제되어

나가는 것을 보고 보복하려고 퍼트린 바이러스였습니다.

호기심에 불타오른 안철수 아저씨는 3일 밤을 새우며 연구한 끝에 바이러스 치료법을 개발해냈습니다. 그 소식을 들은 한 의과대학 후배가 그것을 일반인들도 사용할 수 있는 프로그램으로 직접 개발해보라는 제안을 했습니다.

또 며칠을 연구한 끝에 안철수 아저씨는 백신 프로그램을 개발하여 한 잡지사에 주었습니다. 잡지에 실린 백신 프로그램은 사람들을 놀라게 하며 '안철수 = 바이러스 지킴이'라는 등식을 만들어냈습니다.

무엇이든지 궁금한 것이 생기면 반드시 뿌리를 뽑아내야 직성이 풀리는 그의 호기심이 빛난 사건이었습니다. 컴퓨터 바이러스와의 호기심 어린 첫 만남. 결국 그 첫 만남은 의사를 꿈꾸던 안철수 아저씨를 자신도 느끼지 못하는 사이에 전혀 다른 신세계로 안내해 주었습니다.

인류 역사상 가장 위대한 발명품은 무엇일까요?

영국의 일간지 〈인디펜던트〉는 2007년에 '세계를 바꾼 101가지 발명품'을 선정했습니다.

　지우개, 휴대전화, 컴퓨터, 자전거, 카메라, 라디오, TV 등 우리 인간이 일상생활에 많이 사용하는 물건이 뽑혔습니다. 그 외에도 종이, 종이클립, 칫솔, 주전자, 주판 같은 것도 위대한 발명품으로 선정되었습니다.

　이처럼 세상 모든 발명품은 어렵고 대단한 것에서 시작된 것이 아니라 궁금증과 호기심에서 시작된 것이랍니다.

　안철수 아저씨와 자주 비교되는 빌 게이츠도 안철수 아저씨처럼 호기심이 왕성한 사람이고 호기심의 가치를 아는 사람입니다.

　빌 게이츠가 이끄는 회사인 마이크로소프트는 무려 3000억 달러에 이르는 가치를 가지고 있는, 세계 최고의 회사입니다. 빌 게이츠는 마이크로소프트가 그처럼 위대한 기업이 될 수 있었던 이유는 훌륭한 직원들이 많기 때문이라고 말했습니다.

　빌 게이츠가 생각하는 훌륭한 직원은 '자신들의 회사가 개발한 제품에 대한 호기심이 많은 직원' 입니다. 자신이 근무하는 회사 혹은 부서의 제품에 대해 호기심을 가지는 일은 매우 중요하고 그것이 회사를 최고로 만드는 마법의 열쇠라는 뜻입니다.

　이처럼 호기심은 여러분이 꿈꾸는 것을 이루기 위해 필요한, 아주 중요한 것입니다. 무슨 일을 하든 항상 머릿속에 '호기심'

이라는 돋보기를 가져야 합니다. 호기심은 답을 향한 길을 알려주는 안내판 역할을 합니다. 무슨 일이든지 '왜?' 그리고 또 '왜?'라고 묻는 습관을 들이세요.

세상의 발전은 호기심의 발전과 어깨동무를 해왔습니다. 호기심을 가지면 질문을 하게 되고, 질문을 하면 그것에 대해 알아보고 조사해보게 되고, 조사해보면 해답이 나오는 법입니다. 정답이 없는 질문이라고 해도 계속 호기심을 가지고 스스로에게 물어보는 것은 무척 중요한 일입니다.

코카콜라의 회장인 더글러스 아이베스터는 미래의 주역들에게 딱 한마디 해주고 싶은 말이 있다며 이렇게 표현했습니다.

"늘 호기심을 가져라."

호기심은 내가 나의 인생에 관심과 애정을 가지고 있다는 증거입니다. 호기심이 없는 사람은 거품 빠진 콜라처럼 밋밋한 사람입니다.

호기심의 안경으로 세상을 바라보는 여러분이 되길 바랍니다.

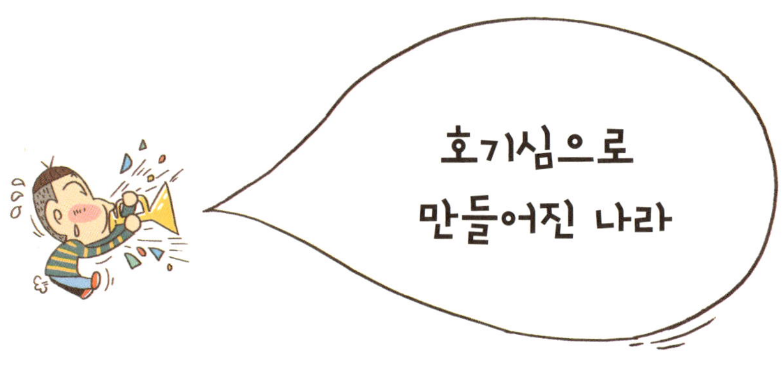

　페르시아만에 작은 어촌 마을이 있었습니다. 나라라고 부르기에도 작은 그곳은 50도를 오르내리는 뜨겁고 황량한 사막의 나라였습니다.

　가난했던 나라는 1969년부터 석유를 수출하기 시작했습니다. 1971년에는 650만 톤의 원유를 수출하여 새로운 산유국으로 알려지게 되었고 국민들도 석유 덕분에 소득이 높아져서 잘살게 되었습니다.

　그렇지만 그 나라의 왕인 셰이크 모하메드는 고민에 빠졌습니다. 석유 수출 외에는 특별하게 수출되는 것이 없었기 때문이었습니다. 거기다 석유는 매장되어 있는 양에 한계가 있었습니다.

'과연 50년 후에 우리나라 국민들은 어떻게 될까? 석유가 바닥나면 가난한 나라가 될 거야. 이대로는 안 돼. 무언가 다른 세상을 만들어야 해.'

50도를 오르내리는 뜨겁고 황량한 사막의 나라를 변화시킬 방법은 거의 없어 보였습니다. 그렇지만 셰이크 모하메드는 호기심과 상상력을 발휘하기 시작하였습니다.

그는 나라의 미래를 머릿속으로 상상하기 시작했습니다.

그는 평소에 호기심이 왕성한 사람이었습니다.

'사막에 스키장을 만들 수는 없을까?'

'사막에 가장 크고 고급인 호텔을 지으면 세계 사람들이 어떤 반응을 보일까?'

'세계 최대의 인공섬을 만들면 어떨까?'

그의 호기심은 더욱 커져갔고, 그의 상상력을 자극하기 시작했습니다.

관광이 발달되어 전 세계인들이 찾아오는 도시. 세계 금융의 중심이 되는 도시. 그런 도시들을 상상한 그는 상상하는 것에 그치지 않고 그 작업을 추진해나가기 시작했습니다. 호기심이 커져 상상이 되었고, 상상을 현실로 만들기 위한 노력을 시작한 것입니다.

그는 사막 한가운데에 사람들이 반할 만한 '인공섬'을 만들 상상을 하고 추진을 했습니다.

사람들은 도무지 불가능한 일이라고 고개를 가로 저었지만 그는 '상상하는 것이 가능하면 실제에서도 가능하다'는 신념으로 하나씩 하나씩 추진해나갔습니다. '팜 아일랜드'라는 환상의 섬이 생겨났고, 세계 최고급 호텔을 짓겠다던 상상도 현실로 만들어내고 말았습니다.

그 나라의 이름은 바로 '두바이'입니다.

그 결과 인구 130만 명이 사는, 제주도 2배 정도의 조그만 나라인 두바이는 지금 세계에서 가장 주목받고 있고, 사람들이 찾고 싶은 나라로 변했습니다.

세계 최고급 호텔 '버즈 알 아랍', 세계에서 가장 높은 빌딩 '버즈 두바이', 사막에 만든 골프장과 실내 스키장, 호화 별장과 쇼핑센터가 들어선 거대한 인공섬을 갖춘 나라가 두바이입니다.

전 세계의 부자들은 편하고 즐겁게 돈을 쓰기 위해 두바이로 몰려들기 시작했습니다. 두바이를 관광한 사람들은 누구라도 최고라며 엄지손가락을 내밀었습니다.

두바이에 가면 거리에는 이런 플래카드가 곳곳에 걸려 있다고
합니다.

마음껏 꿈꾸어라. 꿈은 한계가 없다.

호기심과 상상력이 큰 성공을 거둔다는 것을 보여준 셰이크
모하메드의 정신이 잘 살아 있는 글입니다. 결국 호기심은 세상
을 바꾸는 힘이 되었고 오늘날의 두바이 신화를 만들었습니다.

"안녕. 철수야, 원장님 잘 계시지?"

"범천의원 아드님 가시네."

철수는 동네에서 안철수라는 이름보다 '원장님 아들' '범천의원 아들' 로 불렸습니다.

철수의 아버지 안영모 원장님은 부산광역시 부산진구 범천동에서 병원을 운영했습니다. 병원이 있는 범천동은 그 당시 가난한 사람들이 많이 모여 사는 동네였습니다.

범천동은 땅이 낮은 곳에 위치해 있었습니다. 그래서 비가 많이 오는 장마철이면 물에 잠겨서 물을 퍼내야 할 정도로 열악한 곳이었습니다. 병원도 철수의 아버지가 운영하는 '범천의원' 밖에 없었습니다.

"아빠, 우리는 왜 이렇게 가난한 동네에서 병원을 하는 거예요?"

어린 철수는 가끔 궁금증이 생겨나곤 했습니다. 그때마다 아버지는 철수에게 이렇게 말해 주었습니다.

"병은 가난한 사람들이 더 많이 걸린단다. 그런데 가난한 사람들은 돈이 없어 자신의 병을 치료하기가 쉽지 않지. 내가 가진 의술을 가지고 가난한 사람들의 아픔을 치료해주는 것만큼 보람 있는 일은 없단다."

1963년부터 철수의 아버지는 '범천의원' 이라는 병원을 세우고 환자들을 치료하기 시작했습니다. 범천동에서 '범천의원' 이라는 간판은 병원 간판이 아니라 사랑방 간판을 뜻했습니다. 아프면 찾아오고, 어려운 일이 생기면 조언을 얻는 따스한 병원이었습니다.

하지만 가난한 사람들에게 병원에 치료를 받으러 간다는 것은 여간 어려운 일이 아닐 수 없었습니다. 병원비와 약값은 가난한 사람들에게는 엄청나게 부담이 되는 금액이었기 때문입니다.

"마음 편하게 오세요. 너무 돈 걱정은 안 하셔도 됩니다."

철수의 아버지는 늘 그렇게 이야기했습니다.

1층에 병원이 있고 그 위층에서 살았던 철수는 자주 병원을 들락거렸습니다.

"이러시면 안 돼요. 돈을 다 받으셔야죠."

"반만 받겠습니다. 나머지는 넣어 두세요. 이 돈으로는 아이들에게 맛있는 반찬을 해주세요."

"원장님, 늘 이렇게 폐만 끼쳐서 정말 미안합니다. 감사합니다. 정말 감사합니다."

철수의 아버지는 진료비를 절반만 받곤 했습니다. 지금은 병원에서 진료비를 절반만 받는 것과 같은 일은 금지되어 있습니다. 그렇지만 그 당시에는 의료법이 제정되기 전이었기에 그렇게 받아도 문제가 되지 않았습니다. 물론 치료비의 절반만 받는 병원은 없었습니다. 철수의 아버지에게 의사라는 직업은 단지 사람을 치료해서 돈을 벌기 위해 하는 일이 아니라 사람들에게 자신의 의술을 봉사하는 것이었기에 가능했습니다.

철수는 초등학교 때부터 아버지의 그런 모습을 보면서 봉사가 무엇인지, 사랑이 무엇인지 배워갔습니다.

봉사

세계 평화를 상징하는 빨간 십자가를 본 적이 있나요? 바로 '적십자'예요. 적십자가 어떻게 해서 탄생하게 되었는지 아세요?

적십자를 만든 사람은 앙리 뒤낭입니다. 뒤낭은 1828년 스위스 제네바에서 태어났습니다. 따뜻한 마음씨를 가진 부모님 밑에서 다른 사람을 잘 보살피는 품성을 지닌 아이였습니다.

뒤낭은 어느 날 우연히 감옥을 방문하게 되었습니다.

'아니? 불행한 삶을 살아가는 사람들이 저렇게 많단 말이야?'

충격을 받은 그는 감옥에 갇힌 죄수들을 돕기 시작했고, 이런 마음을 먹게 되었습니다.

'내가 자라면 세계의 어려운 사람들을 돕는 일을 할 거야!'

그는 《솔페리노의 회상》이라는 책을 썼습니다. 이 책에는 전쟁에서 부상병들이 죽어 가는 것을 본 뒤낭이 부상병만은 적군이라 해도 평화적으로 치료하고 살려주는 조직을 만들자고 주장하는 내용이 담겨 있었습니다. 1863년에 제네바에서 국제회의가 열리고 그 결과 1864년에 제네바 조약(적십자 조약)이 맺어져 국제 적십자사가 창설되었습니다.

뒤낭은 YMCA 창시자의 한 사람으로, 기독교적 인도주의의 입장에서 노예 해방을 주장하였습니다. 1901년, 나이 일흔셋이 되던 해에 뒤낭은 제1회 노벨 평화상을 받았습니다.

봉사정신이 뛰어났던 한 소년의 따뜻한 마음이 적십자를 만들고, 최초의 노벨평화상 수상을 이루어낸 것입니다. 이처럼 진정으로 위대한 사람들은 가슴속에 모두 봉사라는 인생 표어를 걸어두고 살아갑니다.

초등학교 시절에 아버지로부터 배운 봉사는 안철수 아저씨의 삶에도 많은 영향을 미쳤습니다. 안철수 아저씨는 서울대 의대 본과 2학년 때부터 가톨릭 학생회 의료 봉사활동에 참여했습니다. 이 봉사단체는 우리나라의 외진 지역과 가난한 지역에서 의료활동을 하는 단체였습니다. 가난하고 의료 혜택이 낙후된 지역에 자신이 배운 의술을 베푸는 것입니다.

4학년 때까지 무려 3년 동안 봉사활동을 하면서 안철수 아저씨는 오히려 병들고 가난한 사람에게서 많은 것을 배웠다고 말합니다. 그중 한 소녀의 눈물을 똑똑히 기억한다고 말했습니다.

그 소녀는 할머니와 같이 살고 있었습니다. 아버지는 병으로 돌아가시고 어머니는 가출을 했기 때문입니다. 소녀는 할머니와 살아가기가 너무 힘들어 가출을 했습니다. 그런데 나중에 돌아와 보니 할머니가 굶어 죽어 있었다고 합니다. 안철수 아저씨는 그 일을 목격하고 이 세상에 대한 봉사를 다짐하게 되었습니다.

생각에서 그친다면 그것은 진정한 봉사가 아닙니다. 봉사는 실천할 때, 행동할 때 그 진면목을 발휘하는 것입니다. 요즘 초등학생들은 봉사활동을 많이 다니는 편입니다. 그리고 중학생들도 봉사활동을 많이 합니다. 그런데 대부분의 경우 가슴속에 사랑을 담은 봉사가 아닙니다.

'수행평가에 봉사활동 점수가 들어가잖아.'

'학교에서 무조건 봉사활동을 시키니까 할 수 없잖아.'

대부분 이런 마음으로 봉사활동을 합니다. 그러나 진정한 봉사는 기록지에 남기기 위해, 자신의 수행평가에 필요해서 하는 것이 아닙니다. 힘든 사람에게 손을 내밀고, 아파하는 사람에게 손수건을 내미는 사랑의 마음이 필요합니다.

그렇게 진정으로 마음에서 우러나는 봉사로 세상의 공기청정기 역할을 하는 사람이 되어보세요.

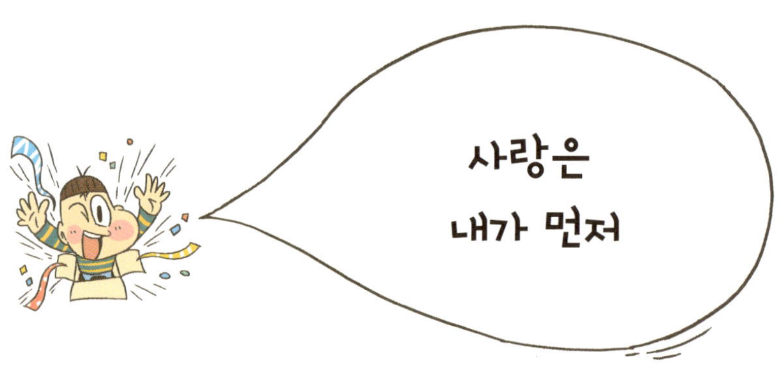

성민이는 오늘 친구와 다툰 이야기를 아버지께 하고 있었습니다.

"아빠. 그 애는 욕심쟁이야. 나에게 아무런 도움도 주지 않아."

아버지께서는 성민이에게 물었습니다.

"그럼. 성민아. 네가 먼저 그 친구에게 학용품을 빌려주거나, 과자를 나눠 먹거나 하며 도움을 준 적은 있니?"

성민이는 가만히 고개를 흔들었습니다.

"성민아, 세상은 말이다 내가 먼저 누군가에게 도움의 손길을 내밀면서 아름다워지는 곳이란다."

아버지는 젊은 시절에 겪었던 이야기를 성민이에게 들려주기 시작했습니다.

「나는 고등학교를 졸업하고 어려운 가정형편 때문에 대학에 가지를 못했어. 아버님이 계시지 않고 어머니만 일을 하셨기에 세 동생의 학비는 내가 벌어야 했단다.

아빠는 직장을 찾기 위해 여기저기를 헤매어 다녀야 했지. 그래서 취직한 곳이 신문 배달소였단다.

아빠가 그곳에 취직을 한 이유는 잠을 그곳에서 잘 수 있었고 이른 새벽부터 일을 하면, 오후에는 끝나서 밤에 공부를 할 수 있었기 때문이었어.

새벽 3시면 아빠는 일어나서 신문들을 챙겼단다. 신문을 자전거 뒤에 싣고 아침 해가 떠오를 때까지 땀을 뻘뻘 흘리면서 동네의 집들에 신문을 배달했지.

참 힘든 일이었단다. 하지만 내가 돈을 벌어서 동생들의 학비를 대고, 동생들의 음식비를 댄다는 생각을 하면 힘들다는 생각도 다 달아났지.

사실 진짜로 힘든 것은 배고픔이었어. 배달을 다녀오면 신문

배급소 소장님은 라면 하나를 끓여 주셨단다. 그 라면은 지금의 진수성찬보다도 더 맛있고 배부른 근사한 찬이었어.

오후 4시가 되면 신문배급소 소장님은 퇴근을 하셨어. 아빠는 그때부터 밤늦게까지 열심히 공부를 했어. 밤 9시 경이 되면 배가 고파오기 시작했지.

아빠는 월급을 타면 맨 먼저 라면 한 상자를 사고 나머지는 모두 어머니께 보냈어. 그래서 밤이 되면 라면을 하나씩 끓여 먹는 게 고작이었지.

어느 날 라면상자에 손을 넣어보니 라면이 3개밖에 남지 않았더구나.

'아, 또 라면을 사야 하는구나. 집에 돈을 다 보냈는데 이제 라면이 떨어지면 어떻게 하지?' 라며 걱정을 했었지. 그러나 너무 배가 고픈 탓에 라면을 끓여 먹었단다.

다음 날 나는 아침 일찍 신문배달을 하고는 보급소로 돌아왔어. 소장님이 퇴근하시고 밤에 라면을 끓여 먹으려고 라면상자에 손을 넣었지.

'어, 이상하다. 어제 분명히 3개가 있었던 것 같은데……. 어제 1개를 먹었는데 왜 여전히 3개가 남아 있지?'

의심스러워하면서도 라면을 끓여 먹었단다. 그런데 이상하게
도 다음 날 밤에 라면상자에 손을 넣었더니 또 라면이 3개가 남
아 있는 거야. 나는 너무나 궁금했지만 기분은 좋았지.

그런 일이 일주일이나 되풀이되고 나서야 나는 그 이유를 알
수 있었단다.

신문배달을 마칠 때쯤, 가게 앞을 지나게 되었지. 그때 보급소
소장님이 라면 하나를 사 가지고 가게에서 나오시는 것을 보게
되었어.

그런데 그 라면은 소장님이 점심때 드시는 라면이 아니라 내
가 밤에 혼자서 먹던 종류의 라면이었지.

'어, 소장님은 저 라면 드시지 않는데.'

나는 소장님과 멀찌감치 떨어져서 따라갔단다. 보급소에 들
어가자 소장님은 내가 라면상자를 놓아둔 곳에 가더니 사 온 라
면을 슬그머니 넣어 두는 것이었어.

소장님은 돌아서 나오시다가 나와 눈이 마주치고 말았단다.

"소장님. 소장님이 매일 제 라면상자에 라면을 놓아두셨군
요?"

"어?"

소장님은 머리를 긁적이며 멋쩍게 웃으셨지. 그날 이후 나는 더 열심히 일을 하게 되었고, 소장님을 더 존경하게 되었어.

그때 나는 알게 되었단다. 세상에는 어려운 사람을 돕는 보이지 않는 손들이 있다고. 내가 먼저 그렇게 사랑을 베풀면 세상은 더욱 아름다워진다는 사실을 말이야.」

아버지의 말씀을 다 듣고 난 후 성민이는 많이 부끄러웠습니다.

성민이는 내일 아침 일찍 학교로 달려가 싸웠던 그 친구에게 먼저 화해의 악수를 내밀어야겠다고 마음먹었습니다.

안철수 아저씨는
초등학교 때 긍정적인 아이였어요

철수는 초등학교 시절 키도 작고 덩치도 작았습니다. 반장을 해본 적이 단 한 번도 없었고, 그렇다고 운동을 잘하지도 못했습니다.

철수는 공부도 그다지 잘하지 못했습니다. 약 60명 정도인 반 친구 중에서 30등 정도를 하였으니 말이에요.

그렇지만 철수는 어딘가 다른 점이 있는 아이였습니다. 바로 긍정적인 마음이 그것입니다.

그 당시에는 방학식을 하는 날이면 초등학교 아이들에게 성적표를 나누어주었습니다. 성적표에는 그 친구의 성적이 고스란히 나와 있었습니다.

　여름방학을 앞두고 성적표를 받은 철수는 가슴이 쿵쾅쿵쾅 뛰었습니다.

　'제발 수가 하나라도 있었으면 좋겠어.'

　기대를 품고 성적표를 펼쳐 보았지만 철수의 기대는 여지없이 어긋나고 말았습니다. 성적표에는 수가 단 하나도 없었습니다.

　'수' 대신 '우' 몇 개와 '미'만이 성적표에 넘쳐 나고 있었습니다. 철수가 초등학교를 다니던 시절에는 성적이 수, 우, 미, 양, 가로 표시되었습니다. 수는 90점 이상, 우는 89점~80점, 미는 79점~70점, 양은 69점~60점, 가는 59점~0점을 뜻합니다.

수를 받으면 아주 잘한다는 뜻이고, 우는 보통으로 잘한다는 뜻
이었습니다. 철수의 성적은 그다지 좋지 못했던 것입니다.

기대했던 성적이 나오지 않았지만 실망할 이유는 없었습니다.

'그래, 공부가 인생의 전부는 아니잖아. 지금 공부를 못한다
고 해서 커서 훌륭한 인물이 될 수 없는 것도 아니잖아.'

그렇게 생각하니 마음이 편해졌습니다. 다시 성적표를 펴 보았
습니다. 그랬더니 재미있는 사실을 하나 발견할 수 있었습니다.

"야, 철수야. 넌 성적 잘 나왔니? 수는 있어?"

철수의 장난기가 발동했습니다.

"당연하지. 나는 수가 하나 있어."

"정말?"

친구는 부럽다는 듯이 철수를 쳐다보았습니다.

"무슨 과목이 수야? 국어? 산수?"

철수는 고개를 가로 저었습니다.

"아니."

"그럼 사회? 자연?"

"아니."

"그럼 도대체 무슨 과목에서 수를 받았어?"

철수는 친구에게 설명해주었습니다.

"내 성적표에 있는 수 하나는 내 이름이야. 안철수 할 때 '수'!"

친구는 배꼽을 잡고 웃기 시작했습니다.

"맞다, 맞아. 그것도 수는 수지."

비록 성적표에 수는 없었지만 철수는 늘 무슨 일이든 긍정적으로 생각하는 아이였습니다. 훗날 그 긍정은 무슨 일이든 '나는 할 수 있다' 라는 힘을 만드는 토대가 되었습니다.

긍정

미국인들이 가장 존경하는 위대한 대통령이 있습니다. 세계인들의 기억 속에 정치인하면 단번에 떠오르는 이름. 바로 에이브러햄 링컨입니다.

그는 미국에서 혹사당하던 노예를 해방시키기 위해 노력했고, 결국에 '흑인 노예 해방' 이라는 눈부신 업적을 일구어냈습니다. 하지만 그는 무척 불운한 사람이었습니다.

그는 1809년 켄터키의 가난한 구두수선공의 아들로 태어났습니다. 가난 때문에 초등학교를 졸업하지 못했었고, 농부, 점원, 우체국 직원 등 많은 직업을 전전해야 했습니다.

링컨의 인생에는 실패가 그림자처럼 끈질기게 따라다녔습니다.

1831년(23살) 사업 실패

1832년 주 의회 선거 출마 낙선

1833년 친구에게 빌린 돈으로 다시 사업을 시작하나 파산

1838년 주의회 대변인 선거의원 출마 낙선

1840년 정부통령 선거의원 출마 낙선

1843년 하원의원 선거 출마 낙선

1848년 하원의원 재선거 출마 낙선

1854년 상원의원 선거 낙선

1856년 부통령후보 지명선거 낙선

1858년 상원의원 선거 재출마 낙선

그의 인생에는 실패만이 있을 것 같았습니다. 하지만 그에게는 다른 사람과는 다른 점이 하나 있었습니다. 그것은 바로 긍정이라는 인생의 다이아몬드였습니다. 그는 실패했다고 해서 다른 사람처럼 절망하거나 포기하지 않았습니다.

"나는 선거에서 낙선했다는 소식을 듣자마자 곧바로 내가 자주 가던 레스토랑으로 달려갔습니다. 그리고는 배가 부를 만큼 맛있는 요리를 실컷 시켜 먹었습니다. 그 다음은 이발소로 달려가서 머리를 단정하게 손질하고 기름도 듬뿍 발랐습니다. 이제

아무도 나를 실패한 사람으로 보지 않겠지요. 왜냐하면 이제 내 발걸음은 다시 힘이 생겼고, 내 목소리는 우렁차니까요!"

결국 그는 긍정이라는 인생의 다이아몬드로 1860년 미합중국의 대통령으로 당당히 당선되었습니다. 링컨은 훗날 그토록 어려웠던 시절을 긍정의 힘으로 이겨낸 과정을 이렇게 고백했습니다.

"내가 걷는 길은 험하고 미끄러웠습니다. 그래서 나는 자꾸만 미끄러져 길바닥 위에 넘어지곤 했죠. 그러나 나는 곧 기운을 차리고 내 자신에게 말했습니다. 괜찮아, 길이 약간 미끄럽긴 해도 낭떠러지는 아니야."

존 페로우라는 작가는 이런 말을 했답니다.

"어떤 것에서 곧바로 좋은 점을 찾아낼 수 있다는 것은 그만큼 뛰어난 눈을 가지고 있다는 표시이다. 세상에는 좋은 점만을 찾으려는 사람도 있고, 나쁜 점만을 찾으려는 사람도 있다. 좋은 점이 하나도 없는 사람은 드물 것이다. 수많은 단점들 중에서 우연히 찾아내게 된 장점에 온 신경을 기울이는 자들이야말로 진실로 훌륭한 눈을 가진 사람들이다."

안철수 아저씨 또한 긍정의 힘을 누구보다도 잘 이용하는 사람입니다.

우리가 안철수 아저씨의 얼굴을 보면 단 한 가지 인상을 보게 됩니다.

'항상 웃고 있는 얼굴.'

이것이 그가 가진 가장 큰 장점입니다. 늘 긍정적으로 생각하고, 긍정적으로 행동하는 것이 얼굴에서도 묻어 나오는 것이지요. 우리는 안철수 아저씨의 이 무한긍정을 배워야 한답니다.

커다란 돌멩이 하나가 길 한가운데를 막고 있다는 상상을 해 보세요.

한 사람이 지나가다가 그 돌멩이 앞에 섰습니다.

"어휴. 무슨 돌이 저렇게 커? 길을 막는 장애물이잖아."

그 사람은 가던 길을 포기하고 뒤로 돌아서 갔습니다.

또 다른 사람이 그 길에 도착했습니다.

"큰 돌이네. 이 돌을 디딤돌 삼아 넘어가야겠는걸."

그 사람은 그 돌멩이를 딛고 올라서 자신이 가던 길로 계속 갔습니다.

두 사람의 반응이 어떤가요? 어떤 사람은 돌을 장애물로 생각하고 어떤 사람은 딛고 올라설 디딤돌로 생각하고 있습니다.

두 사람의 인생방식에 따라 훗날 결과는 엄청난 차이가 나게 될 것입니다.

'나는 나의 이런 점이 싫어!' 라고 생각해본 적 있지요? 하지만 그것이 꼭 단점이 아닐 수도 있답니다. 사람은 생각하는 것에 따라 달라진답니다.

'나는 키가 너무 작아서 싫어'를 '나는 키가 작아서 몸짓이 재빠르고 달리기도 잘해' 라고 긍정적으로 생각하는 사람이 있답니다. 그런 사람들은 단점보다 장점을 더 눈여겨보는 사람이지요. 자신의 모습을 한 번 되돌아보세요. 자신의 모습 중에서 싫어했던 모습과 싫어했던 성격을 이제 '거꾸로 안경'을 쓰고 한 번 바라보세요. 그렇게 거꾸로 생각해보면 '야, 바꾸어 생각해보니 이것도 참 근사한걸!' 이라는 감탄사가 입 속에서 밖으로 빠져 나오게 될 거예요.

생각해보세요. 과연 나는 내 앞에 문제가 생겼을 때 그것을 어떻게 받아들이는지를 말이에요.

긍정에 초점이 맞추어져 있는 사람. 부정적인 것에 초점이 맞추어져 있는 사람. 둘 중 나는 어떤 사람인가요?

긍정적인 생각. 그것은 성공의 첫 발걸음이자 마지막 걸음이 랍니다.

안철수 아저씨가 인생의 주무기로 삼았던 것. 그렇게 생각하면 실제로 더 나은 사람으로 변하게 해주는 신기한 생각. 나의 조그만 힘을 슈퍼맨의 강력한 힘으로 바꾸어주는 요술램프.

그것이 바로 긍정의 힘임을 늘 잊지 않는 사람이 되세요.

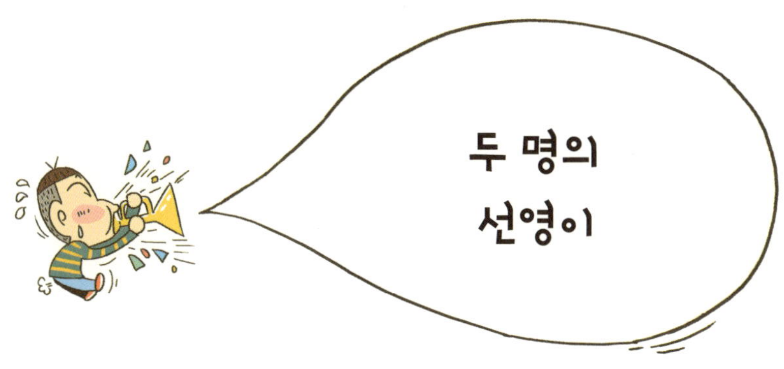

선영이는 어린 시절부터 다리를 저는 아이였습니다.

선영이 어머니께서는 선영이를 가졌을 때, 감기에 걸리셨습니다. 그런데 선영이를 임신한 줄 모르고 약을 많이 먹었습니다. 의사 선생님은 그때 약의 부작용 때문에 선영이가 소아마비에 걸린 것 같다고 말씀하셨습니다.

그 말을 들은 어머니는 늘 선영이에게 미안한 마음으로 살아갈 수밖에 없었습니다.

선영이는 어린 시절에 자신이 다리를 전다는 것을 깊이 생각하지 않았습니다.

하지만 초등학교에 입학하면서 모든 것이 다르게 느껴졌습니다. 체육 시간에도 잘 끼지 못하고, 달리기도 못하는 자신의 모습이 한심해 보였습니다. 다른 친구들과 어울리는 것도 싫어졌습니다.

무슨 일을 하든지 '내가 할 수 있을까? 못할걸' 이라는 생각부터 먼저 들었습니다. 학교에서 돌아오면 혼자 방안에 틀어박혀 책을 읽다가 잠이 들기 일쑤였습니다.

그러던 어느 날이었습니다. 선영이는 예쁘고, 차분한 인상을 가진 소녀 한 명을 길에서 만났습니다. 그 소녀는 다리를 절며 저 앞에서 선영이 쪽으로 걸어오고 있었습니다.

"안녕."

소녀는 밝게 선영이에게 인사를 했습니다.

"어? 너도 나처럼 다리를 저는구나?"

"……."

선영이는 대답 대신 고개만 끄덕였습니다.

"반가워. 오늘 날씨 참 좋지? 햇살이 너무 좋지 않니?"

선영이는 그 소녀에 대해 궁금증이 생겼습니다.

"얘, 너는 나하고 똑같은 신세인데 뭐가 그렇게 즐겁니?"

"응, 나의 가슴엔 웃는 반쪽과 찡그린 반쪽이 있거든. 방금 이야기한 것은 웃는 반쪽이었어. 찡그린 반쪽이는 '무슨 놈의 햇볕이 이렇게 뜨거운 거야? 정말 짜증나는 일이야' 라고 이야기했단다. 그런데 나는 웃는 반쪽을 선택한 거야."

알 듯 하면서도 모를 듯한, 그 소녀의 말에 선영이의 머릿속에는 물음표가 생겼습니다.

선영이와 소녀는 함께 길을 걷기 시작했습니다.

잠시 후 넓은 풀밭이 펼쳐져 있는 곳에 도착했습니다. 그곳엔 나비와 잠자리가 가을 하늘 속을 우아하게 날아다니고 있었습니다.

소녀가 말했습니다.

"또 내 가슴 안에서는 웃는 반쪽이와 찡그린 반쪽이가 말을 하고 있어. '나비와 잠자리가 날아다니는 것이 한 폭의 명화처럼 아름다워!' 라고 웃는 반쪽이는 이야기하고 있어. 그런데 찡그린 반쪽이는 '우리한테 아무것도 안 주는 저까짓 벌레가 왜 필요해' 라고 이야기하고 있단다. 난 이번에도 웃는 반쪽이가 마음에 드는걸."

둘은 다시 길을 걷기 시작했습니다. 해가 어둑어둑 하루가 거의 다 지나가 버렸습니다. 그렇게 걷다 보니 선영이의 집 앞까지

도착했습니다.

"야. 이제 다 왔구나. 오늘 하루도 이렇게 끝이 났네. 난 항상 잠자리에 들기 전에 하루를 되돌아본단다. 오늘은 잠자리에 들기 전에 누구를 불러내지? 웃는 반쪽이를 불러내면 이렇게 말하겠지. '비록 다리를 절지만 한쪽 다리는 너무도 튼튼한 나는 행복해. 부모님도 다 살아 계시고, 이렇게 아름다운 세상을 볼 수 있어 나는 행복해.'"

소녀는 계속 말을 이었습니다.

"찡그린 반쪽이를 불러내면 아마 이렇게 이야기할 거야. '나는 다리는 저니까 불쌍한 아이야. 부모님이 부자가 아니니까 불행하고, 세상 모든 것이 짜증만 난다' 라고. 오늘도 난 웃는 반쪽이를 불러낼 거야. 그럼 잘 가!"

선영이는 갑자기 궁금증이 생겨났습니다.

"애야. 넌 누구니? 너의 이름은 뭐야?"

소녀는 웃으며 이야기 했습니다.

"내가 누구냐고? 내 이름은 선영이야. 바로 너야!"

선영이는 깜짝 놀랐습니다.

"나라고?"

"그래. 나는 바로 너야. 생각해보렴. 넌 요즘 웃는 반쪽이와 친한지, 아이면 찡그린 반쪽이와 친한지 말이야."

선영이는 눈을 떴습니다.

그랬습니다. 그것은 꿈이었습니다. 하지만 꿈 치고는 너무 생생했습니다.

선영이는 생각에 잠겼습니다.

'내 가슴 안에는 웃는 반쪽이와 찡그린 반쪽이가 있다고?'

선영이는 자신의 가슴에는 한동안 찡그린 반쪽이가 주인이었다는 생각이 들었습니다. 선영이는 그동안 세상과 모든 일을 늘 찡그린 마음으로 보았다는 반성을 했습니다.

'그래. 웃는 반쪽이와 친해지면 세상이 아름답게 보일 것 같아.'

선영이는 그날 아침 휘파람을 불며 학교로 향했습니다.

오늘부터는 더욱 친구들과 친하게 지낼 수 있을 것 같고, 더욱 재미있는 학교생활이 펼쳐질 것 같았습니다.

이제 웃는 반쪽이가 선영이의 가슴속 주인공이 되었기 때문이지요.

철수는 활발한 아이는 아니었지만 친구들을 좋아했습니다.

"오늘 우리 집에 갈래?"

"좋지."

철수는 친구와 함께 집으로 향했습니다. 친구들은 철수의 아버지가 의사라는 사실을 부러워했습니다.

"철수야, 넌 정말 좋겠다. 아빠가 의사니 아파도 언제든지 고쳐줄 수 있잖아."

아이들은 처음에 그런 말을 했지만 철수의 집에 한 번 놀러갔다 온 아이는 철수의 아버지에 대한 이야기가 아니라 다른 이야기를 했습니다.

철수의 엄마는 아이들에게 아주 친절했습니다. 엄마는 철수의 친구들이 오면 맛있는 음식을 내올 뿐 아니라 정말 친절하게 대접을 했습니다.

아이들은 철수의 집에 오면 아주 즐거워했습니다. 그런데 철수의 친구들이 집에 갈 때마다 공통적으로 하는 이야기가 있었습니다.

"야, 철수야. 네 엄마 정말 좋으신 분 같아. 네 엄마는 정말 친절하셔. 그런데 말이야 네 엄마는 우리 엄마와 다른 점이 있는 것 같아."

"어? 우리 엄마가 너희 엄마와는 다르다고? 나는 잘 모르겠는걸?"

아이들은 철수의 엄마가 다른 엄마들과는 다른 점이 있다고 이야기했지만 철수는 무엇이 다른지 알지 못했습니다. 엄마가 자신에게 잘해준다는 것은 알았지만 다른 아이의 엄마들도 다 아이들에게 잘해주니까요.

철수는 고등학교에 가서야 그 이유를 알았습니다.

"어휴, 학교에 늦어 버렸네. 빨리 서둘러야겠어요."

　철수는 늦잠을 자서 학교에 지각을 할 상황이 되었습니다. 철수와 엄마는 서둘러 집 밖으로 나왔습니다. 엄마는 때마침 길가를 지나는 택시를 잡았습니다. 철수는 얼른 택시에 올라탔습니다. 엄마는 철수에게 인사를 했습니다.

　“잘 다녀오세요.”

　철수도 대답했습니다.

　“엄마, 잘 다녀올게요.”

　택시가 출발하자 기사 아저씨가 고개를 갸우뚱하며 물었습

니다.

"어머니가 왜 아들에게 말을 높이는 거죠? 저는 아들에게 말을 높이는 어머니를 처음 보았어요."

철수는 깜짝 놀랐습니다.

"다른 어머니들도 그러시지 않나요?"

"아들에게 말을 높이는 어머니는 거의 안 계시죠."

철수는 그제야 엄마와 다른 엄마들과의 다른 점을 알게 된 것입니다. 어머니는 철수에게 늘 그렇게 존댓말을 하고 계셨던 것입니다.

기사 아저씨는 웃으면서 대답했습니다.

"대단한 어머니군요. 사람을 배려하고, 자식을 배려하는 저 마음을 보니 분명히 학생도 저 엄마의 가르침처럼 훌륭한 사람이 될 겁니다."

철수의 어머니는 늘 그렇게 말을 높임으로써 자식에 대한 사랑을 표현하고, 철수가 다른 사람들에게 배려하는 인물이 될 기반을 만들어 주신 것입니다.

배려

안철수 아저씨는 어린 시절부터 엄마의 존댓말을 듣고 자란 덕분에 자신도 다른 사람을 배려하는 사람이 되었습니다. 그 역시도 직원들과 후배들, 그리고 아내에게 높임말을 하는 습관을 지금까지 가지고 있습니다.

안철수 아저씨의 배려는 존댓말에만 그치지 않습니다. 안철수 아저씨는 때때로 '바보 철수'라는 놀림을 받습니다. 기업이라는 것은 기부가 아니라 이윤추구를 목적으로 하는 집단입니다. 그런데 13년이 넘게 백신 프로그램을 개인에게 무료로 배포했기 때문입니다. 직원들을 위하지 않고, 경영자로서는 무책임한 일이라는 지적도 있었습니다.

하지만 안철수 아저씨는 그런 의문에 대해 단호하게 이렇게 대답했었습니다.

"사람들에게 돈을 받고 백신을 팔면 당장 눈앞의 이익은 생기겠지만 개인들은 몇천억 원의 피해를 보아야 합니다. 개인이 컴퓨터를 안전하게 사용할 수 있다면 국가나 기업도 따라서 안전하게 발전할 수 있는 것입니다."

의학에 인술이 필요하듯 컴퓨터 분야에서 인술을 베풀었던 안철수 아저씨의 모습입니다.

안철수 아저씨의 사람에 대한 배려와 믿음은 계속되고 있습니다. 대학시절에는 하숙을 6번이나 옮겼는데 그 이유가 재미있습니다. 주인아주머니가 전세에 살면서 하숙을 놓았기 때문에 전세 계약이 끝나면 이사를 가야만 했습니다. 그런데 안철수 아저씨는 주인아주머니가 이사를 가는 곳으로 따라다니면서 하숙을 한 것입니다. 안철수 아저씨는 한 번 맺은 인연을 그만큼 소중히 여겼습니다.

자신의 사람을 아끼고 배려하는 마음으로, 2001년 안철수 아저씨는 자신은 전셋집에 살고 있는 형편임에도 불구하고 '안철수 연구소'의 경영자로서 자신이 소유하고 있던 주식 8만 주(시가 60억 원)를 직원들에게 나누어 주었습니다.

"우리 회사가 걸어온 지난 5년이 파노라마처럼 스쳐 감회가 새롭습니다. 저에게는 여러분이 그 누구보다도 소중합니다."

그는 주식을 회사 직원들에게 나누어 주는 감회를 이렇게 밝혔습니다. 돈보다 인연과 배려를 중심으로 사람을 대하는 안철수 아저씨가 아니었다면 힘들었을 일입니다.

또 2012년 2월에는 3000억 원이 넘는 자신의 주식을 기부해 안철수재단을 만들어 남들을 돕는 일에 사용하기로 했습니다. 안철수 아저씨는 자신의 욕심을 채우지 않고 그렇게 큰돈을 사회를 위해 기부한 것입니다.

자신의 욕심보다는 사람에 대한 배려, 사회에 대한 배려로 가득 차 있는 안철수 아저씨이기 때문에 가능한 일입니다.

전 세계를 돌아다니는 여행가가 있었습니다.

그는 여행 가방 외에 작은 가방 하나를 어깨에 메고 다녔습니다. 그것은 바로 꽃씨 가방이었습니다. 그는 여행을 다니는 곳마다 그 가방에서 꽃씨를 꺼내서 뿌리고 다녔습니다. 그 여행가의 모습을 지켜보던 한 사람이 물었습니다.

"당신은 다시는 이 길을 지나가지 않을 것 아닙니까? 그런데도 꽃씨를 뿌리는 이유가 무엇입니까?"

여행자는 웃으며 말했습니다.

"물론 저는 다시는 이곳에 오지 못할 것입니다. 하지만 봄은 분명히 다시 옵니다. 그때가 되면 사람들은 아름다운 꽃을 보게 되겠지요."

배려란 무엇일까요? 도와주거나 보살펴 주려고 마음을 쓰는 것, 자신이 줄 수 있는 것을 다른 누군가에게 고스란히 전해 주는 일일 것입니다.

여러분도 이런 생각이 들 때가 있을 것입니다.

'지금 내가 베푼다고 해서 나에게 이득이 되는 게 뭐야?'

사람이기에 이런 생각이 들지 않는다면 거짓말일 것입니다. 하지만 비록 내가 베푸는 것만큼 당장 나에게 돌아오지 않는다 해도 그것은 참 아름다운 일입니다.

왜냐고요? 행복은 받는 사람의 몫이 아니라 오히려 주는 사람의 몫이기 때문입니다.

다른 사람에게 배려 깊게 행동하는 것. 다른 사람을 기쁘게 하는 말 한 마디, 행동 하나. 다른 사람을 이해하고 존중하는 것.

그것은 내 가슴에 간직하고 있던 어떤 것을 꺼내 다른 이의 가슴에 따스하게 안겨 주는 일입니다. 그 일로 인해 세상은 오염되지 않은 맑은 공기가 넘쳐나게 되는 법입니다.

성직자이자 유명한 저자인 노만 빈센트 필은 배려를 이렇게 말했습니다.

"상대방의 입장이 되어 일을 생각하는 배려심을 몸에 익히자. 그렇게 하면 타인을 행복하게 할 뿐만 아니라 자기에게도 행복이 돌아올 것이다."

배려란 내가 남에게 받기 전에 남에게 먼저 주는 것입니다. 배려란 비를 맞고 걸어가고 있는 사람에게 우산을 씌워주는 일입니다. 배려란 내가 가지고 있는 과자를 함께 나누어 먹을 수 있는 것입니다. 배려란 이처럼 아주 작은 것이지만 그것이 가진 힘은 엄청납니다.

다른 사람에게 베풀 줄 모르는 사람은 자신 또한 다른 사람에게 아무 것도 받을 수 없답니다.

배려. 그것은 내 마음과 다른 사람의 마음을 이어주는 길이랍니다.

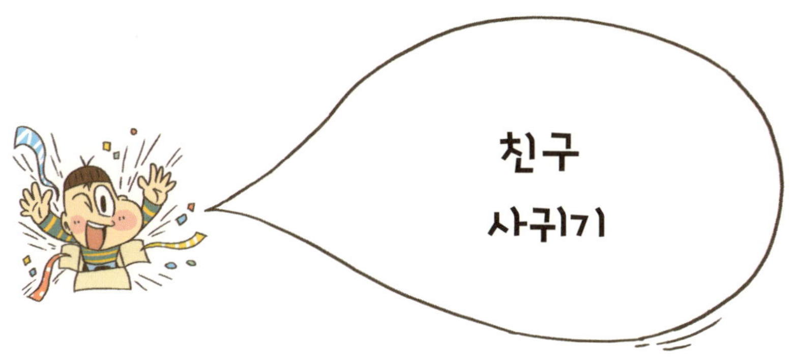

한 대학에 중간고사 시험기간이 찾아 왔습니다.

'이번에는 열심히 공부해서 시험을 잘 쳐야지.'

학생들은 그런 다짐을 하고 시험에 대비해 공부를 열심히 했습니다.

그런데 교수님이 시험 전날 강의실에 들어 오셔서 말씀하셨습니다.

"이번 시험은 이론 시험 대신에 실기 시험을 보도록 하겠습니다. 지금부터 시험문제를 내도록 하겠습니다."

"와!"

학생들은 공부를 하지 않아도 된다는 생각 때문에 함성을 질

렀습니다. 교수님은 칠판에 시험문제를 적기 시작했습니다.

학생들은 그날부터 실기시험을 치르러 밖으로 나갔습니다. 일주일 후, 강의실에 학생들이 모였습니다.

"자, 그럼 일주일 동안 많은 친구를 사귀는 시험에 대한 발표를 하도록 하겠습니다."

한 학생이 나와서 발표를 하기 시작했습니다.

"저는 축구를 좋아합니다. 그래서 축구 클럽에 가입해서 그곳에서 많은 친구를 사귀었습니다."

또 다른 학생이 나와서 발표했습니다.

"저는 아르바이트를 해서 모은 돈으로 친구를 사귀었습니다. 친구가 될 만한 사람에게 찾아가 아르바이트로 번 돈으로 선물을 사 주었거든요."

학생들은 친구를 사귄 방법에 대하여 진지하게 발표를 했습니다. 많은 학생들이 여러 가지 자신의 방법을 발표했고, 수업이 거의 끝나가고 있었습니다.

이번에는 구석에서 아무 말 없이 앉아 있는 한 학생 차례가 되었습니다.

교수님께서 물었습니다.

"자네는 얼마나 많은 친구를 사귀었나?"

그 학생은 자신이 일주일 동안 사귄 친구의 수를 말했습니다. 그 학생은 조용해 보이는 모습과는 달리 아주 많은 친구를 사귀었습니다.

교수님과 학생들은 궁금증이 일었습니다.

"자네. 어떻게 친구들을 사귀게 되었는지 빨리 발표를 해보게."

그 학생은 천천히 앞으로 나가서 발표를 시작했습니다.

"저는 잘생기지도, 그렇다고 해서 돈이 많은 집에서 태어나지도 않았습니다. 그렇지만 저는 좋은 친구들을 많이 사귀고 싶었습니다. 그래서 많이 고민했습니다. 어떻게 해야 좋은 친구들을 많이 사귈 수 있는지 말입니다. 그런 고민 덕분인지 저는 많은 좋은 친구를 사귈 수 있었습니다."

학생은 잠시 생각하는 듯하더니 계속 말했습니다.

"그런데 그 방법을 이야기하자면…… 글쎄 잘 알 수가 없습니다만……. 단지 다른 사람들과 이야기할 때 '나'를 한 번 말할 곳에, '우리'라는 말을 열 번씩 했을 뿐입니다. 즉 '나'에 대한 이야기는 적고 작게, '우리'에 대한 이야기는 많고 크게 했습니

다. 그랬더니 그 사람들은 저에게 친구로 지내자고 악수를 건네
기 시작했습니다. 저는 이번에 중요한 사실을 깨달았습니다. 사
람들은 자신만을 생각하는 사람을 싫어하고, 상대방의 마음을
배려해주는 사람을 좋아한다는 것을요."

그의 말을 듣고 있던 교수님과 학생들은 고개를 끄덕였습니
다. 그들은 마침내 알게 되었습니다.

친구와 우정을 만들어 가는 것은 돈이 아니라 상대방을 진심
으로 생각하고 배려하는 따스한 마음이라는 사실을 말이에요.

안철수 아저씨는
초등학교 때부터 목표를 세웠어요

"철수야 놀자. 영희야 놀자. 바둑이도 놀자. 어이, 철수. 영희와 바둑이가 네 친구니?"

1학년 교과서에 나오는 글을 보고 아이들은 철수를 가끔씩 놀려댔어요. 철수는 화를 낼 줄 모르는 순둥이였기 때문이에요.

"메롱메롱. 책벌레, 너는 화낼 줄도 모르냐?"

철수는 피식 웃었어요. 순둥이였지만 철수는 남다른 점이 하나 있었습니다. 바로 목표를 가지고 있는 아이라는 점입니다.

다른 초등학생들은 목표라는 것을 가지고 있지 않았지만 철수는 이미 목표를 가슴에 표어처럼 새겨두었습니다.

"내일 시험이다. 모두 시험 잘 쳐야 한다."

늘 성실한 자세를 가지고 있던 철수는 열심히 공부해서 시험을 쳤어요. 하지만 성적은 잘 나오지 않았죠. 철수는 공부보다 책 읽기가 더 재미있었어요.

"야. 철수야. 책 좀 그만 읽어라. 우리 반하고 3반하고 내일 축구 시합 붙는다. 나가서 축구 연습이나 하자."

친구들이 점심시간에 나가서 축구를 하자고 했지만 철수는 책 읽기가 더 좋았어요. 그 이유는 철수의 가슴속에 목표가 강하게 자리 잡고 있었기 때문입니다.

철수가 학교에서 가장 좋아하던 곳은 도서관이었습니다. 책들로 가득 찬 그곳에서 철수는 맹세했습니다. 철수의 목표는 바로 이것이었습니다.

나는 우리 학교 도서관에 있는 책을 모두 읽는다.

어찌 보면 무모한 목표였지만 철수는 그 목표를 달성하기 위해 꾸준히 실천하기 시작했습니다. 목표를 세운 철수는 더욱 책 읽기에 열중했어요. 집에서 학교까지 걸어가는 중에도 철수의 손에는 항상 책이 들려 있었습니다.

철수는 목표를 이루기 위해 노력하다 보니 책이 더욱더 좋아졌습니다.

'진짜 이상해. 책을 읽다 보면 한 시간도 이렇게 금방 지나가잖아. 하루 종일 책만 읽어도 되는 책읽기 학교 같은 곳은 없을까?'

도서관에 있는 책을 모두 읽겠다는 목표를 세웠더니 철수에게는 변화가 생겨나기 시작했습니다.

"철수는 비록 공부는 아주 잘하지 못하지만 정말 모르는 게 없는 만물박사야."

"그래, 철수는 걸어 다니는 백과사전이야."

아이들의 그런 평가가 이어졌습니다.

"철수는 더 크면 공부를 잘하게 될 거야. 책을 워낙 많이 읽으니까 중학생, 고등학생이 되면 공부를 아주 잘하게 될 거야."

선생님이 그렇게 말해주었습니다.

'이유가 무엇일까? 그래, 책을 많이 읽다 보니 내가 똑똑해졌나 봐.'

철수의 초등학교 도서관에는 무려 3000여 권이나 되는 책이 있었습니다. 철수는 '나는 우리 학교 도서관에 있는 책을 모두 읽는다' 는 목표를 세우고 차근차근 실천한 덕에 초등학교를 졸업할 때는 그 목표를 달성해내고 말았어요.

목표

한국에서 가장 우수한 인재들이 모인다는 고등학교가 있습니다. 바로 '민족사관고등학교' 입니다. 많은 중학생 친구들이 이 학교 입학을 목표로 공부하고 있습니다.

강원도 횡성에 있는 이 학교에서 공부한 많은 학생들이 미국의 명문 대학에 장학금을 받고 입학할 정도로, 이 학교는 뛰어난 학생들을 길러내는 학교입니다.

이 학교의 입구에는 특이한 것이 하나 있습니다. 입구에서 오른편을 보면 동상을 놓는 빈자리가 15개 세워져 있습니다. 그 밑에는 이렇게 적혀 있습니다.

'민족사관고 출신 노벨상 수상자.'

이 동상 받침대는 미래의 노벨상 주인공들을 기다리고 있는 것입니다. 학생들이 동상의 주인공이 될 수 있도록 목표를 세우고 공부하라는 의미입니다.

앞으로 무엇이 되겠다는 강렬한 목표는 그것을 현실로 만들어 주는 힘이 있습니다. 목표를 세우고 꿈꾸는 자만이 미래의 주인공이 될 수 있습니다.

안철수 아저씨는 초등학교 시절부터 늘 목표를 세웠습니다. 초등학교 시절엔 '도서관에 있는 책을 모두 읽겠다' 는 목표를 세웠고, 자라서는 '컴퓨터 바이러스 백신을 개발하겠다' 는 목표를 세웠습니다. 그리고는 그 목표를 이루기 위해 스스로를 채찍질했습니다.

안철수 아저씨는 목표에 대해 이렇게 이야기했습니다.

"목표가 있고 없고는 인생의 방향을 결정하기 때문에, 목표가 있는 사람은 삶을 살아가는 과정에서 주저앉거나 길을 잃어버리지 않습니다."

안철수 아저씨는 여러분들에게 긴 계획보다는 짧은 계획을 세워보라고 권하고 있습니다.

"너무 긴 계획은 지치는 것 같아요. 3년 뒤에 무엇을 하겠다고 생각하면 지치고 못 버티지요. 이번 달에 해야지라고 생각해야 해요. 그렇게 작게 나누고 열심히 해서 성취하면 자기에게 상을 주는 거죠. 그동안 시간 없어서 못 봤던 재미있는 영화를 보러 간다든지, 또는 돈 없어서 못 먹었던 좋은 식당에 가서 비싼 음식을 먹는다든지, 그렇게 자기에게 상을 주면 그걸로 한 달을 버틸 수 있어요."

'10년 후에 나는 이런 일을 할 거야'라는 목표도 중요하지만 '이번 달 안에 이것을 이룰 거야' '이번 달 안에 이 일을 마치고 말 거야'라는 작은 목표도 중요하답니다.

목표가 왜 중요한지 이야기를 하나 들려줄게요.

무거운 짐을 지고 길을 걸어가는 나그네가 있었습니다. 날씨도 더운데 빠른 걸음으로 열심히 걷고 있었습니다.

그 나그네에게 한 노인이 물었습니다.

"젊은이, 급한 일이 있는가? 왜 그렇게 바쁘게 걸어가고 있는 것인가?"

나그네는 이마에서 흘러내리는 땀을 닦으며 말했습니다.

"네, 지금 저는 서울로 가고 있습니다. 열심히 걸어야 빨리 도착할 수 있으니까요."

노인은 어이가 없었습니다. 왜냐하면 나그네가 걷고 있는 길은 서울의 반대 방향이었기 때문입니다.

노인은 나그네가 불쌍해 말을 해주었습니다.

"여보게, 젊은이. 그 방향은 서울로 가는 방향이 아니네. 서울로 가려면 북쪽으로 가야 하는데 자네는 지금 남쪽으로 가고 있지 않나?"

그러자 나그네는 손을 가로 저으며 말했습니다.

"걱정할 것 없습니다. 저는 부지런한 사람입니다. 그러니 열심히 노력해서 걸으면 됩니다."

목표는 여러분이 인생의 길을 올바르게 걸어갈 수 있도록 도와줍니다. 목표를 제대로 잡지 않는다면 위에서 본 나그네처럼 헛된 힘만 쓰게 되고 맙니다.

목표가 없다는 것은 끝없는 바다 위에서 나침반 없이 항해를 하는 것처럼 위험한 일입니다. 목표는 내 인생의 방향을 가르쳐 주는 소중한 등대입니다. 목표가 없는 사람은 지름길을 놔두고 먼 길로 돌아가는 사람과 다를 바가 없답니다.

목표를 가지고 있는 사람은 강력한 엔진을 달고 달려가는 자동차와 같습니다. 반면에 목표를 가지고 있지 않은 사람은 열심히 페달을 밟아도 빠르게 달리지 못하는 자전거와 같습니다.

자신의 가슴에 늘 소중한 꿈을 가지고 어디로 향해 가는지 목표를 정해두고 살아가는 스스로가 되어야 합니다.

100미터 달리기를 한다고 상상해보세요. 100미터 달리기를 할 때는 처음부터 속력이 빠르게 나지는 않습니다. '땅' 하는 출발신호와 함께 달리기를 시작한 후 달릴수록 점점 속력이 붙기 마련입니다.

인생 성공에도 이렇게 가속도가 붙게 해주는 것이 바로 목표입니다.

목표가 없는 인간은 노 없는 배와 같으나 목표가 분명한 인간은 성공의 길에 놓인 모든 장애물들을 폭파해 버리는 다이너마이트와 같다고 합니다.

성공을 하기 위해 없어서는 안 될 가장 강력한 엔진. 그것은 분명한 목표입니다.

자신의 힘으로 달성할 수 있는 목표를 세우고, 그것을 위해 끊임없이 노력하는 것은 인생의 출발점인 초등학교 시절 반드시 해야 할 일 중의 하나입니다.

그러면 어떻게 목표를 세워야 할까요?

첫째, 우선 목표는 달성해야 할 구체적인 시일을 정해두어야 합니다. 몇 년 몇 월 며칠까지 이루겠다는 구체적인 시일이 있어야 하는 것입니다.

둘째, 목표달성에 필요한 정보를 수집해야 합니다.

셋째, 어떻게 목표를 달성할지 구체적인 계획을 세우고, 목표를 달성할 때까지 결코 포기하지 않겠다는 다짐을 해야 합니다.

그렇게 자신의 목표가 정해졌다면 '위대한 나의 목표'라고 쓴 뒤에 자신의 목표를 종이에 직접 적어보세요. 그것을 자신의 책상이나 자신의 방에서 가장 눈에 잘 띄는 곳에 붙여 두세요.

그리고 그 목표를 시간이 날 때마다 바라보고 되뇌어 보아야 합니다. 목표란 써 보고, 간절하게 원하고, 중간에 포기하지 않으면 반드시 이루어지는 법이기 때문입니다.

목표는 내 인생의 성공표지판이라는 사실을 기억하고 초등학교 시절부터 목표를 세우는 습관을 들여 제2의 안철수가 되어 보세요.

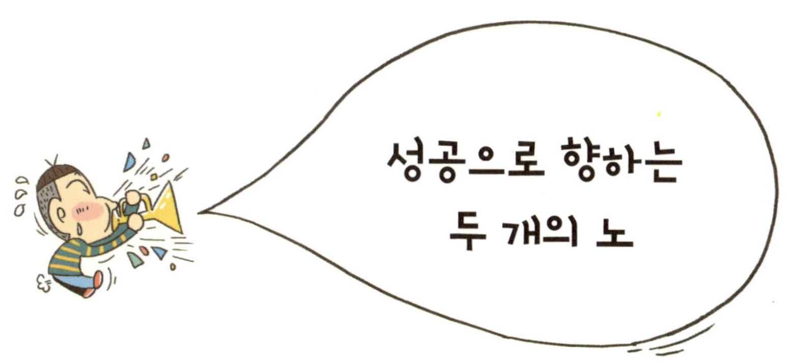

무슨 일이든 열심히 하는 젊은이가 있었습니다.

"저 애는 뭘 저리 열심히 해? 어휴 대단하다. 대단해."

'성실함' 하면 모든 사람이 그를 가리킬 정도로 무슨 일이든 열심히 하는 친구였습니다.

고등학교를 졸업할 때도 친구들은 그를 보고 이렇게 말하곤 했습니다.

"저 애는 무슨 일을 하든지 반드시 성공할 거야. 저렇게 성실하고 열심히 하는데 뭐든 안 되겠어?"

그 사람은 사회에 나가서 직장 일을 열심히 했습니다. 그런데도 이상하게 성공은 그와는 거리가 먼 이야기였습니다. 하는 일이 제대로 풀리지 않기만 했습니다.

"저 사람은 도대체 왜 저렇게 일이 안 풀릴까? 열심히 하기는 굉장히 열심히 하잖아."

"그러게 말이야. 참 이상하지?"

젊은이는 점점 지쳐 갔습니다.

'나는 왜 이런 거야? 나는 정말 운이 없는 사람일까?'

젊은이는 절망감에 빠져 모든 것을 포기하고 싶어졌습니다. 고민에 잠긴 젊은이에게 예전 기억이 떠올랐습니다.

'그래, 고등학교 시절에 선생님은 나에게 열심히 하는데도 일이 풀리지 않을 때 찾아오라고 하셨잖아.'

젊은이는 고등학교 선생님을 찾아갔습니다.

"선생님. 저는 너무도 열심히 일을 했습니다. 그런데 유독 성공과는 거리가 멉니다. 저는 성실히 노력하는데도 불구하고 왜 성공하지 못하는 것일까요?"

선생님은 젊은이의 하소연을 다 듣고는 아무 말 없이 그 젊은이를 데리고 호수로 갔습니다.

"우리 호수에서 배를 한 번 타볼까?"

갑작스러운 선생님의 제안에 젊은이는 깜짝 놀랐습니다. 왜 갑자기 배를 타자고 하는 것인지 이해가 되지 않았습니다. 양쪽에 노가 달린 배를 두 사람은 탔습니다. 선생님이 말했습니다.

"애야, 저 건너편이 바로 성공에 이르는 길이란다. 한쪽의 노만으로 저곳에 도달해보아라."

젊은이는 오른쪽에 있는 노를 있는 힘을 다해 저었습니다. 하지만 배는 제자리에서 빙글빙글 돌 뿐 단 1미터도 앞으로 나가지 못했습니다.

선생님은 제자를 쳐다보며 말했습니다.

"다른 한쪽만 또 저어 보아라."

다른 한쪽만 노를 저으니 마찬가지로 빙글빙글 돌 뿐 앞으로 나아가지 못했습니다.

"애야, 네가 저은 그 노는 열심히 일하라라는 노란다. 그리고 다른 하나의 노는 뚜렷한 목표를 가져라라는 노란다. 성공의 길은 단순히 열심히만 한다고 해서 열리지 않는 것이며, 무엇이 되겠다는 뚜렷한 목표만 가지고 있어도 열리지 않는 것이란다. 성공이라는 항구에 닿기 위해서는 양쪽의 노를 다 열심히 저어야 하는 것이지."

젊은이는 이제 자신이 무엇을 해야 할지 알 것 같았습니다.

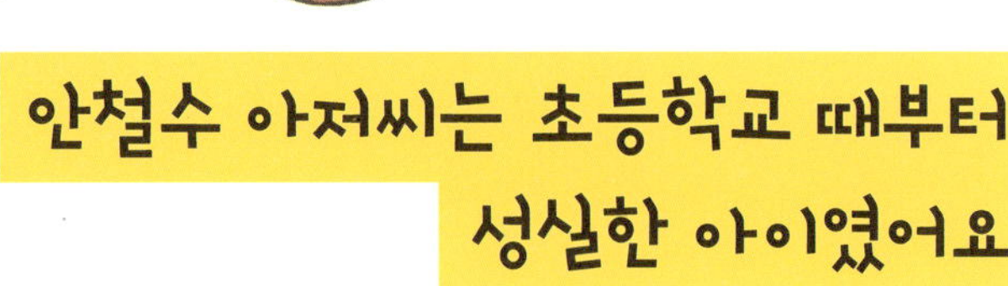

초등학생인 철수에게는 좋아하는 것들이 몇 가지 있었습니다.

독서, 기계 만지기, 그리고 동물, 식물 키우기였습니다.

"삐약 삐약."

학교를 마치고 교문을 나서면 가끔씩 들려오는 소리는 철수의 마음을 사로잡았습니다. 바로 병아리였습니다.

부모님께 받은 용돈을 저축해 두었다가 철수는 병아리를 사 왔습니다.

학교 앞에서 파는 병아리는 사실 약하고 면역력이 떨어지는 것들이라서 닭으로 키우기 쉽지 않습니다.

철수는 병아리를 사 와서 옥상에다가 키우기 시작했습니다. 병아리는 점점 덩치가 커지고 잘 자라나기 시작했습니다. 친구들은 신기해했습니다.

"야, 너는 어떻게 키우기에 병아리가 죽지 않는 거야?"

"별 다른 비결은 없는데? 나는 단지 아침에 학교 오기 전에 먹이를 주고 쓰다듬어 주고, 학교를 마치고 집에 가면 먹이를 주고 쓰다듬어 주는 것뿐이야."

단순한 것 같지만 철수가 병아리를 잘 키울 수 있던 비결은 바로 여기에 있었습니다.

단 하루도 빠지지 않고 꾸준히 병아리를 돌보는 성실성.

다른 친구들은 대부분 병아리를 사고 하루 이틀은 애정을 가지고 키우지만 금방 싫증을 느껴 계속해서 병아리를 아끼고 사랑하는 것을 실천하지 못합니다.

결국 철수의 병아리는 아주 큰 멋진 닭이 되었습니다. 철수가 병아리에게 준 것은 먹이가 아니라 성실함과 애정이었던 것입니다.

철수는 식물 가꾸기도 좋아했습니다. 조그만 씨앗에서 커다란 나무나 아름다운 꽃이 피어난다는 것이 어린 철수에게는 그렇게 신기할 수가 없었습니다.

"할아버지, 꽃을 예쁘게 피우려면 어떻게 해야 하죠?"

식물을 사랑하는 철수의 할아버지는 빙그레 웃으며 설명해주었습니다.

"꽃을 잘 피우기 위해서는 꽃을 심는 사람이 성실해야 해. 꽃을 피우려면 정말 많은 노력을 필요로 한단다. 꽃이 시들지 않게 매일 물을 줘야 하고, 햇빛이 내리는 곳으로 화분을 옮겨 주어야 하고, 가지도 치고, 비료도 줘야 한단다. 성실하게 꽃을 가꾼 사

람만이 활짝 핀 꽃을 볼 수 있는 자격이 생기는 법이야."

할아버지의 말씀을 귀담아 들은 철수는 자신의 용돈으로 꽃씨를 샀습니다. 집 옥상에 화분을 만들고 매일 옥상에 올라가 가꾸었습니다.

보통 초등학생이라면 장난감을 처음 사서 며칠 동안 가지고 놀다가는 금방 싫증을 느끼고 구석에 처박아 두는 것처럼 꽃도 금방 방치해버리고 맙니다.

그러나 철수는 달랐습니다. 물뿌리개를 들고 매일 옥상에 올라가 물을 주고 화분에 정성을 모두 쏟아부었습니다.

그렇게 몇 달이 지났습니다. 오랜만에 할아버지가 옥상에 올라갔습니다.

"어? 이렇게 많은 꽃들이 언제 다 피었지? 이걸 도대체 누가 다 키운 거야?"

할아버지는 놀랐습니다. 할아버지는 철수의 아버지에게 옥상의 화분들을 키웠냐고 물었습니다. 아버지는 아니라고 했습니다. 어머니에게 물었지만 어머니도 아니라고 했습니다.

그제야 할아버지는 철수가 옥상의 화분을 전부 키웠다는 사실을 알게 되었습니다.

할아버지는 너무도 예쁘게 핀 꽃들을 동네 사람들에게 보여 주었습니다. 물론 손자인 철수의 성실성에 대해 자랑도 했습니다.

할아버지는 철수에게 이렇게 칭찬해주셨습니다.

"네가 성실하게 키운 만큼 꽃이 아름답게 피어났구나. 철수야, 화분뿐 아니라 모든 일에서 이렇게 성실한 네가 되렴."

동물과 식물을 기르면서 성실함을 배운 철수는 자라는 동안에도 늘 그런 성실한 자세를 잃지 않았습니다.

성실

　1992년 프랑스의 알베르빌이라는 작은 도시에서는 참으로 감동적인 일이 일어나고 있었습니다.

　동계 올림픽을 개최하게 된 이 도시의 사람들은 모두 모여 개막식 장면을 지켜보았습니다. 식전 개막 행사 후 조직위원회 부위원장의 연설이 시작되었습니다.

　"그동안 성실히 준비해 준 관계자 분들에게 감사드립니다. 저희는 지난 10년간 이 무대를 준비해 왔습니다. 16일 동안 펼쳐지는 이 대회를 위해 10년간 성실하게 준비해 준 모든 사람들에게 감사드립니다."

　16일간의 대회를 준비하기 위해 10년간 성실하게 준비했다는

사실이 대단하지 않나요? 그런 성실한 준비 덕분에 동계 올림픽
은 커다란 성공을 거두었답니다.

안철수 아저씨의 성공요인 중 가장 큰 부분을 차지하는 것도
바로 한결같은 '성실함'입니다. 성실함과 노력을 빼놓고는 안철
수 아저씨를 이야기할 수 없습니다.

여러분들은 지금 공부하느라 힘이 들 것입니다. 아마 공부가
지겹다는 생각을 해본 적도 많을 것입니다. 안철수 아저씨는 어
땠을 것 같은가요? 놀라지 마세요. 안철수 아저씨는 두 번 다녀
온 외국 유학을 포함해 무려 27년이라는 시간 동안 학생으로 살
았습니다.

초등학교 6년, 중고등학교 3년씩, 대학교 4년. 보통의 사람들
은 16년 정도를 공부하지만 안철수 아저씨는 27년이라는 시간
동안 공부한 것입니다.

당연히 안철수 아저씨에게도 공부는 힘들고 지겨운 자신과의
싸움이었지요. 안철수 아저씨의 머릿속에는 항상 이 명언이 있
었다고 합니다.

고통 없이 배움도 없다(No pain, No gain).

사람들은 의사에서 프로그래머, 기업의 CEO, 대학교수로 변

신한 안철수 아저씨를 보고 대단하다고들 하지만 그가 진짜 대단한 이유는 변함없는 '성실성' 때문입니다.

안철수 아저씨는 초등학생 때 성실함의 중요성을 동식물을 키우면서 깨달았고 대학 시절엔 존경하는 의대교수님의 말씀을 듣고 그 중요성을 다시 한 번 깨달았다고 합니다.

교수님은 이렇게 말했습니다.

"사실 의대는 머리 좋은 사람이 오는 곳이 아니라 성실하고 마음 따뜻한 사람이 와야 한다. 매일 책상에 앉아 혼자서 공부만 하던 학생들이 매일 새로운 100명의 환자를 마주하고 그들의 마음을 치료해주어야 하니까 말이다."

안철수 아저씨는 서울대 의과대학에 입학하여 처음에는 성적이 좋지 않았지만 그가 가진 특유의 성실함으로 꾸준히 공부해서 결국에 서울대 교수라는 자리까지 갈 수 있었던 것입니다.

세계 최고의 화가이자, 건축가, 조각가였던 미켈란젤로도 성실함으로 세계 최고의 예술가로 우뚝 선 대표적인 인물입니다. 그는 〈다비드〉 〈최후의 심판〉 등의 작품으로 유명한 거장입니다. 그는 조각이야말로 신과 닿을 수 있는 유일한 예술이라 믿고

늘 혼신의 힘을 다 했습니다.

살아 있을 때도 그는 모든 사람들이 최고라며 엄지손가락을 내밀 정도로 최고의 예술가로 인정받았습니다. 그런데도 그는 매일 커다란 대리석 앞에서 끌과 망치로 부지런히 조각을 하고 있었습니다.

아무 형태도 없는 대리석 앞에서 작업을 하고 있는 그를 보고 친구가 물었습니다.

"그렇게 열심히 땀을 흘리며 돌멩이를 조각하면 그 안에서 무엇이 나오는가?"

미켈란젤로는 이마의 땀을 훔치며 말했습니다.

"나는 이 돌멩이 속에 갇혀 있는 천사를 풀어내려고 한다네."

무질서하고 아무렇게나 튀어나온 돌무더기가 오랜 노력에 의해 조금씩 다듬어져 마침내 세련되고 아름다운 조각 작품으로 변하는 것입니다.

그는 대리석을 다듬어 뛰어난 조각품을 완성해내고는 이렇게 이야기했습니다.

"나는 완벽 외에는 어떠한 것도 용납하지 않습니다. 내 예술에 있어서 완벽을 만들어 내는 것은 바로 성실함입니다."

몇 년 후 미켈란젤로에게 바티칸에 있는 '시스티나'라는 성당에 거대한 벽화를 새겨달라는 의뢰가 들어왔습니다.

오랜 작업시간을 거친 후 시스티나의 천장에는 벽화 〈천지창조〉가 완성되어 가고 있었습니다. 어느 날, 미켈란젤로는 밑에서는 보이지 않는 부분까지 꼼꼼하게 파나가고 있었습니다.

그를 도와주던 조수가 물었습니다.

"잘 보이지 않는 그런 곳까지 왜 꼼꼼하게 작업하시는 겁니까? 누가 보는 사람도 없는데."

미켈란젤로는 뒤도 돌아보지 않고 말했습니다.

"내 눈에 보이지 않나. 진정한 예술품은 단 한 곳이라도 흠이 있어서는 안 되는 법일세."

세계적인 조각가인 미켈란젤로의 조각품은 그의 신기한 손재주에 의해서 나온 것이 아니었습니다. 끊임없이 끌질과 망치질을 해대는 그의 성실함에서 나온 것이었습니다.

성실함은 여러분의 인생사전에서 가장 앞쪽에 위치해야 할 단어 중 하나입니다.

세상의 귀하고 아름다운 것은 공짜로 이루어지지 않습니다.

꿀 1리터를 모으기 위해 꿀벌들이 얼마나 많은 날갯짓을 해야 하는지 알고 있나요? 무려 4천만 번이라는 날갯짓을 통해 꿀 1리터를 모으게 됩니다.

다람쥐는 땅에 구멍을 파고 단 1개의 도토리만을 묻어 둡니다. 하지만 겨울잠을 자기 위해서는 수많은 도토리를 묻어야 합니다. 겨울을 나기 위해 다람쥐는 무려 1000개가 넘는 구멍을 파고, 그 안에 1000개의 도토리를 묻어 둔다고 합니다. 그 노력의 결과로 다람쥐는 편안한 겨울을 나게 되는 것이죠.

사람이 살아가다 보면 자주 시련과 패배를 마주치게 됩니다. 하지만 그것을 이겨낼 유일한 인생의 해답 한 가지가 있기에 사람들은 포기하지 않을 수 있습니다.

그 인생의 해답이 바로 성실함입니다.

성실함으로 물리칠 수 없는 시련과 패배는 없습니다.

성실함이라는 초강력 무기로 인생이라는 전쟁터에서 최고의 승리자가 되는 여러분이 되길 바랍니다.

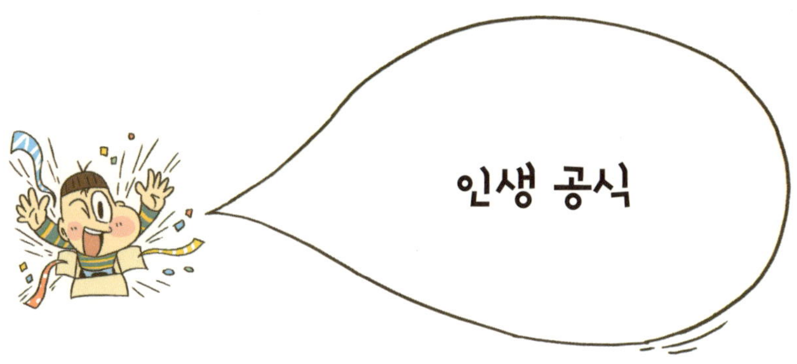

"회장님, 오늘 오후 3시에 인터뷰 약속이 잡혀 있습니다."

아침에 출근하자 김 회장의 비서가 그날의 일정을 알려주었습니다. 김 회장은 커피를 한 잔 마시며 어린 시절 자신의 모습을 떠올렸습니다.

가난하고, 배고팠던 시절. 초등학교와 중학교를 겨우 졸업하고 고등학교에 진학할 형편이 되지 않아서 좌절하고 힘들어했던 그 자신이 떠올랐습니다.

지금은 돈이 없어서 고등학교를 가지 못한다는 것이 있을 수 없는 시절이지만 그 당시에는 어려운 가정 형편 때문에 고등학교를 가지 못하는 사람들이 있었습니다.

낮에는 일하고, 밤에는 공부하며 결국엔 대학까지 자신의 손으로 벌어서 졸업하고 오늘에 이르게 된 김 회장.

그때를 떠올리면 김 회장의 얼굴엔 미소가 피어오릅니다.

'그래, 내가 성공한 것은 늘 인생이 은행과 같다는 사실을 잊지 않고 있었기 때문이었어.'

3시가 되자 기자가 찾아와 인터뷰가 시작되었습니다.

"회장님은 정말 대단하십니다. 아무런 밑천도 없이 사업을 시작하여 이렇게 거대한 기업의 회장이 되셨으니까요."

김 회장은 빙그레 웃었습니다.

"회장님. 이렇게 성공할 수 있었던 이유 중 가장 중요한 것을 한 가지만 말씀해주십시오."

무언가 특별한 비결이 있을 것이라는 기자의 예상과는 달리 김 회장은 담담한 어조로 이런 이야기를 했습니다.

"사실 성공은 그다지 거창한 것에서 시작되지 않습니다. 관심, 바로 관심을 가지는 것이 내가 이 사업에서 성공할 수 있었던 가장 큰 이유입니다. 삶에 대해, 자신이 원하는 일에 대해 더 많은 관심을 기울이면 삶은 반드시 그에 합당하는 보석 상자를 우리에게 내미는 법이지요."

“네, 회장님처럼 자신이 하고자 하는 일, 하고 싶은 일에 관심을 많이 기울이면 그것이 성공의 밑바탕이 되는군요.”

김 회장은 자신의 말을 열심히 듣고 취재하는 그 기자의 진지함에 호감을 느꼈습니다.

“이봐요, 기자 양반. 내가 인생의 성공 비결을 당신에게만 알려줄까요?”

기자는 호기심으로 가득 찬 표정이었습니다.

“수학에 공식이 있듯이 인생에도 공식이 있습니다. 당신도 인생의 공식이 은행의 공식과 같다는 사실을 알고 잘 실천하면 더 큰 성공을 거둘 수 있을 것입니다.”

기자는 도무지 이해할 수가 없었습니다.

“은행의 공식이라고요? 그게 무슨 말씀입니까?”

회장님은 친절하게 설명해주었습니다.

“은행에 돈을 넣어두면 무엇이 생깁니까?”

“그거야, 이자가 생기지요.”

“그렇다면 돈을 더 많이 넣어둘수록 어떻게 됩니까?”

“당연히 돈을 더 많이 넣어둘수록 더 많은 이자가 생기지요.”

회장님은 기자의 눈을 바라보며 말했습니다.

"그러면 은행이라는 단어 대신에 인생이라는 단어로, 돈이라는 단어 대신에 성실함이라는 단어로, 이자라는 단어 대신에 성공이라는 단어로 바꾸어 보십시오."

기자는 이제 알겠다는 듯이 입을 열었습니다.

"인생에 성실함을 더 많이 저금할수록 더 많은 성공이 생겨난다는 말인가요?"

"그렇지요. 더 많이 넣어두면 더 많이 얻게 되는 것. 그것은 은행에서 이자가 늘어나는 것뿐만 아니라 삶에도 해당되는 법칙이지요. 단순하지만 그것만 잘 실천하면 반드시 당신은 큰 성공을 거두게 될 것입니다. 잊지 마세요. 인생 통장에 성실함이라는 돈을 많이 저금하면 성공이라는 이자를 더 많이 받게 된다는 인생 공식을 말이요."

기자는 회장님을 찬찬히 바라보았습니다. 어려움을 딛고 성공했기에 그 성공이 더욱 값지고 아름다워 보이는 사람이 거기에 있었습니다.

성공의 열쇠를 받아들고 회사를 빠져나오는 기자의 발걸음은 그날따라 유난히 가벼웠습니다. 그 기자의 가슴에는 '성실함'이라는 단어가 인생의 표어처럼 자리 잡았습니다.

어린이의 미래를 여는
스코프
도서목록
Scope
서울시 마포구 서교동 468-2번지 | 전화 02)322-6709 | 팩스 (02)3143-3964 | 이메일 bookrose@naver.com

초등학생 때 꼭 읽어야 할
탈무드 지혜동화 7가지

김미정 엮음 | 김서희 · 허한우 그림 | 신국판 변형 | 184쪽 | 11,000원

노벨상을 가장 많이 받은 민족, 유대인의 5천 년 지혜를 모아 놓은 거대한 서적 탈무드. 12,000쪽이나 되는 탈무드 중에서 지혜, 열정, 절약, 가족, 마음, 나눔, 실천을 느낄 수 있는 최고의 정수만 골라, 7종류 45가지 이야기를 모아 놓은 지혜의 책.

초등학생 때 꼭 읽어야 할
이솝이야기(근간)

어린이들이 꼭 알아야 할 재미있는 이솝 이야기가 펼쳐집니다. 그리고 그 속에 숨어 있는 교훈을 배워봐요.

초등학생 때 꼭 읽어야 할
안데르센동화(근간)

안데르센의 아름답고 기묘한 이야기 중 꼭 필요한 정수만 모여 있어요. 우리가 몰랐던 안데르센의 또 다른 이야기 속으로 빠져봐요.

전 세계인의 가슴을 뛰게 하는 축구의 메시아

메시, 축구의 역사를 다시 쓰는 작은 거인

황연희 지음 | 이정헌 그림 | 신국판 변형 | 152쪽 | 12,000원

축구를 정말로 사랑하는 소년, 키가 자라지 않는 장애도 그 소년을 막을 수 없었습니다. 아르헨티나에서 오로지 축구공 하나만을 바라보고 스페인으로 건너온 소년 메시가 이제 축구의 역사를 새로 쓰고 있습니다.

의미 있는 일이란 무엇인가 생각해봐요

책벌레 소년 안철수, 세상의 리더가 되다

이채윤 지음 | 허한우 그림 | 신국판 변형 | 116쪽 | 11,000원

대한민국 차세대 리더 안철수에게 배우는 성공하는 어린이의 5가지 습관. 안철수 원장의 이야기를 들으며 호기심, 몰입, 도전, 원칙, 나눔의 5가지 습관을 몸에 익히게 될 것입니다.

다르게 생각하라, 스티브 잡스처럼

스티브 잡스가 살아서 자동차를 만들었다면

황연희 지음 | 허한우 그림 | 신국판 변형 | 164쪽 | 12,000원

애플, 매킨토시, 아이폰, 아이패드 등으로 21세기 문화생활을 획기적으로 변화시킨 위대한 혁신가 스티브 잡스의 모든 것.

누구누구 시리즈

창의력 소년 송승환, 세상을 난타하다

송승환 지음 | 양민숙 그림 | 신국판 변형 | 160쪽 | 12,000원

한국 최초로 브로드웨이 공연무대를 정복한 최고의 공연 기획자 송승환이 직접 들려주는 창의력 교실. 재미있는 연예계 이야기와 공연 이야기가 어린이들의 마음을 온통 사로잡을 것입니다.

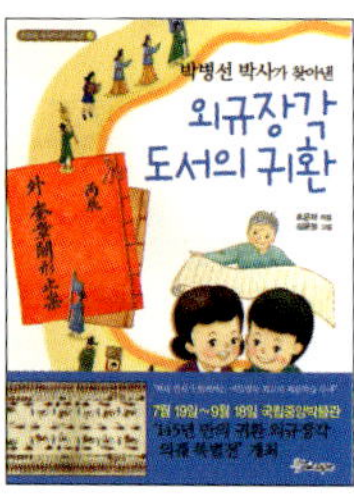

박병선 박사가 찾아낸 외규장각 도서의 귀환

조은재 지음 | 김윤정 그림 | 신국판 변형 | 152쪽 | 12,000원

이 책은 우리의 위대한 유산인 외규장각 도서를 145년 만에 깨워 낸 박병선 박사님의 가슴 뛰는 이야기입니다. 박병선 박사님의 감동적인 이야기를 보며 어린이 여러분들은 진정 나라를 사랑하는 마음이 어떤 것인지, 깨닫게 될 것입니다.

박찬호의 끝나지 않은 도전

임진국 지음 | 허한우 그림 | 신국판 변형 | 168쪽 | 12,000원

박찬호 선수는 메이저리거가 단 한 명도 없던 대한민국에서 자신이 메이저리거가 되어서 미국 야구장에 우뚝 서겠다는 꿈을 꾸었습니다. 여러분도 무엇인가를 이루고 싶다면, 박찬호 선수처럼 긍정적으로 믿고 노력하세요.

박지성, 11살의 꿈 세계를 향한 도전

이채윤 지음 | 허한우 그림 | 신국판 변형 | 176쪽 | 12,000원

대한민국의 아들이자 맨체스터 유나이티드에서 활약하고 있는 박지성 선수의 성공과 실패 이야기가 축구 경기처럼 흥미진진하게 펼쳐져요.

● 청와대 어린이신문 푸른누리 추천도서 선정
● 경기문화재단 우수아동도서 선정

이승엽, 꿈을 향해 홈런을 날리다

임진국 지음 | 이승엽 감수 | 허한우 그림 | 신국판 변형 | 128쪽 | 11,000원

야구를 좋아하던 장난꾸러기 어린이가 어떻게 아시아 최고의 홈런왕이 되었을까요? 그 비결은 바로 노력입니다. 노력은 결코 배신하지 않는다는 이승엽 선수의 모습은 어린이들에게 큰 감동을 줄 것입니다.

법정스님의 아름다운 무소유

곽영미 지음 | 최주아 그림 | 신국판 변형 | 212쪽 | 11,000원

법정 스님은 많이 갖는 것이 행복한 것이 아니라 베푸는 것이 행복한 것이라고 실천을 통해 가르쳐주신 분이에요. 법정 스님의 말씀과 행동을 통해 마음을 비우고 베푸는 즐거움을 느껴 보세요.

● 청와대 어린이신문 푸른누리 추천도서 선정
● 『좋은 어린이책』 선정

바보 대통령, 노무현 할아버지의 삶과 꿈

이채윤 지음 | 오주연 그림 | 신국판 변형 | 200쪽 | 10,000원

국민의 친구였던 '바보' 노무현 전 대통령의 삶과 꿈을 생각해 볼 수 있는 이야기. 어린 시절부터 이루고자 했던 신념을 어떻게 지켰는지를 보며 다시 한 번 나를 돌아봐요.

버락 오바마 대통령 1%의 용기와 희망

이채윤 지음 | 이정헌 그림 | 신국판 변형 | 176쪽 | 9,500원

가난과 편견을 딛고 일어선 미국 최초의 흑인 대통령 버락 오바마 이야기. 이 책은 열심히 노력하면 자신을 넘어 세상을 바꿀 수 있다는 용기와 자신감을 심어 줍니다.

'철가방 천사' 김우수의 삶을 다룬 최초의 창작동화

철가방을 든 천사

엄광용 지음 | 임하라 그림 | 신국판 변형 | 148쪽 | 11,000원

대한민국에 나눔의 씨앗을 뿌리고 하늘로 올라간 철가방 천사 김우수. 교과서에도 실릴 예정인 고 김우수 님에 대한 창작동화를 읽으며 어린 이들은 진정한 나눔을 배우게 될 것입니다.

안녕 우리 아가(근간)

고정욱 지음 | 신국판 변형

실화를 바탕으로 한 창작동화. 엄마의 사랑과 어미 곰의 희생을 통해 어린이들은 자연과 인간의 공존, 환경에 대해 다시 생각하고 부모님 의 사랑에 감사하게 될 것입니다.

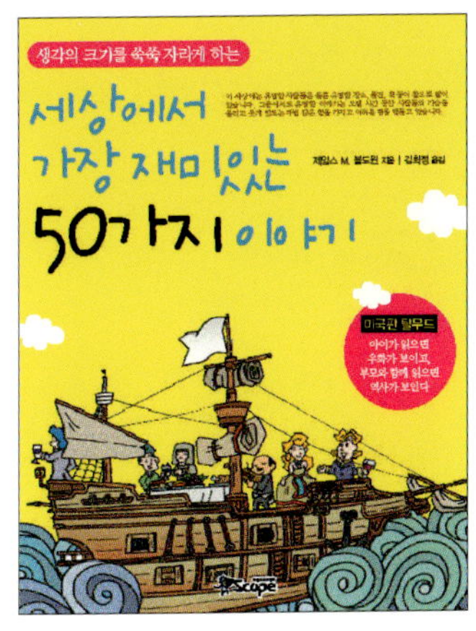

부모와 함께 읽으면 역사가 보인다

세상에서 가장 재미있는 50가지 이야기

제임스 M. 볼드윈 지음 | 신국판 변형 | 208쪽 | 9,500원

미국 교과서를 만든 볼드윈 선생님이 인류의 역사 속에 등장하는 가장 재미있는 이야기 50개를 모아 놓은 책. 오랜 시간 동안 사람들의 가슴을 울리고 웃긴, 마법 같은 힘을 가지고 있는 재미있는 글 모음.

● 미국판 탈무드 도서

특별한 사람만 위인이 될 수 있는 건 아니야

세상에서 가장 유명한 50가지 이야기

제임스 M. 볼드윈 지음 | 신국판 변형 | 216쪽 | 9,500원

진짜 꽃을 찾아낸 솔로몬 왕, 선원의 꿈을 포기한 조지 워싱턴, 키 작은 이야기꾼 이솝, 시를 처음 써보는 롱펠로, 페달 보트를 발명한 로버트, 아기 새를 구해준 에이브러햄 링컨. 유명한 영웅들의 흥미진진하고 지혜로운 이야기들.

어린이에게 꿈과 희망을 주는 생생한 화제의 인물 시리즈

총 10권 세트 | 112,500원